N

0   40 km

③⑥ Tirschenreuth

Cham

Regen

✝⑳

㉖ ✝㉓

Straubing Deggendorf

N i e d e r b a y e r n

Isar

Dingolfing ✝② Passau

Donau

Pfarrkirchen

Mühldorf *Inn* *O b e r ö s t e r r e i c h* ⊙ Linz

④ ✝ ㉛

Alz Burghausen ⑲ ✝ Wels ⊙

Salzach Kremsmünster ✝㉘

✝⑥

✝⑫ ✝㉔ *Traun-see*

Chiemsee Traunstein ✝㉚

Salzburg Bad Ischl

⑧ ✝ Berchtesgaden *S a l z k a m m e r g u t*

2713 2995

▲ *Watzmann* *Dachstein* ▲

Zell a. See

Großglockner
▲ 3798

Die Klöster Altbayerns

Susanne Seethaler

Altbayerische Klöster
und ihre Legenden

Susanne Seethaler

Altbayerische Klöster und ihre Legenden

von der Oberpfalz
bis Südtirol

nymphenburger

Für Nils

Die Klöster sind in alphabetischer Reihenfolge nach ihren jeweiligen Standorten geordnet.
Der Inhalt dieses Buches wurde sorgfältig recherchiert und erarbeitet. Dennoch können weder Autorin noch Verlag für alle Angaben auf den nachstehenden Seiten eine Haftung übernehmen.

Besuchen Sie uns im Internet unter
www.nymphenburger-verlag.de

© 2003 nymphenburger in der F. A. Herbig Verlagsbuchhandlung GmbH, München. Alle Rechte, auch der fotomechanischen Vervielfältigung und des auszugsweisen Abdrucks, vorbehalten.
Schutzumschlag: Wolfgang Heinzel
Schutzumschlagfoto: Gregor M. Schmid, München
Illustrationen: Nils Rüdiger, München
Vorsatzkarte: Kartografie & Grafik Eckehard Radehose, Schliersee
Satz: Schaber Satz- und Datentechnik, Wels
Gesetzt aus 10,5/14,6 Punkt Sabon in PostScript
Druck und Binden: Wiener Verlag, Himberg
Printed in Austria
ISBN 3-485-00965-2

INHALT

Vorwort

Als in mir die Idee reifte, ein Buch über Klöster und ihre Legenden in Bayern zu schreiben, war ich mir über den Umfang, den dieses Buch haben sollte, lange nicht im Klaren. Ich begann, mich in das Thema einzulesen, und stieß sehr schnell auf die Ursprünge Bayerns: auf das bayerische Stammesherzogtum und seinen bekanntesten Vertreter, Herzog Tassilo III.

Der Agilolfinger Tassilo, der 748 als sechsjähriger Knabe als Herzog eingesetzt wurde und der 757 die Alleinregierung übernahm, entpuppte sich als eifrigster Klostergründer seiner Zeit – und auch nach ihm brachte es kein Herrscher mehr auf eine solch stattliche Anzahl von Klöstern. Flächendeckend, von Wessobrunn in Oberbayern, über Kremsmünster in Oberösterreich bis hinunter nach Südtirol überzog er sein Reich mit Stiftungen und Mönchsniederlassungen.

Heidnische Bräuche und Aberglaube, Kobolde und Halbgötter waren damals weit verbreitet und vieles findet sich bis heute in den alten Sagen und Legenden wieder. Iroschottische Missionare und Wanderpriester – zum Beispiel aus Aquitanien – waren im 7. Jahrhundert ins Land gekommen und hatten begonnen, die Menschen von ihrem Glauben zu überzeugen. Trotzdem mochten die Einheimischen nicht ganz von ihren alten Gewohnheiten lassen.

9

Die Klöster Tassilos und seines Vaters Odilo und die vielen Eigenklöster, die Adelige, Bischöfe, aber auch Großgrundbesitzer nach dem Vorbild der Herzöge errichten ließen, waren und blieben über einen langen Zeitraum hinweg Inseln des christlichen Glaubens in einer weitgehend heidnisch geprägten Landschaft.

Dieses Stammesherzogtum Bayern, das seinen größten Umfang von 952 bis 976 erlangte (im Osten bis zur ungarischen Grenze und im Süden über Venedig und Istrien hinaus), wartete zur Zeit der Agilolfinger, die mit der Absetzung Herzog Tassilos III. durch den Frankenkönig Karl den Großen 788 endete, mit einem riesigen Herrschaftsgebiet auf. Die ungefähre Grenzgebung dieser Zeit bildet die Grundlage zu diesem Buch, wobei es kaum lineare Grenzen gab und die genauen Grenzverläufe nicht gesichert sind. »Altbayern« war damals nicht hundertprozentig ummessbar, zudem waren weite Gebiete unbesiedelt. Die Grenzverläufe sind wie vieles andere aus der Zeit des Mittelalters auch historisch nicht belegbar.

Sie werden in diesem Buch jedoch auch einige Klöster entdecken, die erst lange Zeit nach den Agilolfingern gegründet wurden. So ist zum Beispiel München, das erst 1158 das Licht der Welt erblickte, mit einem Kloster vertreten, dessen »Geburtstag« nur ein paar hundert Jahre zurückliegt.

Weitgehend habe ich mich aber bei der Auswahl an eine Karte und die darauf verzeichneten Klöster aus dem Buch *Machtspiele, Bayern im frühen Mittelalter* von Lothar Kolmer gehalten, das 1990 in Regensburg erschienen ist. Das agilolfingische Bayern, das »Altbayern« in diesem Buch, erstreckt sich von Teilen der Oberpfalz im Norden bis hinunter nach Bozen. Im Osten über Linz hinaus und im Westen bis an die Stadtgrenze Augsburgs. Genau genommen sollte der Titel dieses Buches *Klöster des Stammesherzogtums Bayern und ihre Legenden* heißen, doch der Begriff *Altbayern* ist eingehender und bekannter, wenn auch für die Zeit des 7./8. Jahrhunderts nicht so üblich.

Mit Karten und Führern ausgerüstet, klapperte ich Woche für Woche dieses riesige Gebiet ab, besichtigte unzählige wunderschöne Klöster und avancierte in der Zeit zur Bierkennerin und zur bekennenden Liebhaberin »Altbayerns«.

Manche Beobachtungen oder persönlichen Einwürfe in diesem Buch mögen Ihnen vielleicht respektlos vorkommen. Ich saß oft stundenlang in den Klosterkirchen, betrachtete Kunstschätze und verdrehte meinen Hals, um Deckenfresken bewundern zu können. Ich beobachtete den Lichteinfall durch hohe, bleiverglaste Fenster und fröstelte in der kalten, modrigen Luft. Vor allem aber schaute ich auf kleine Details, auf Schönes oder auch Lustiges, das man in Kunstführern vergeblich sucht. Dazu gehören für mich auch die Menschen, die diese Gotteshäuser mit Leben füllen – sei es, um darin zu beten oder sich an der Kunst zu erfreuen.

Da gab es die lauten Rauner, die alles besser wussten und mit diesem Wissen vor ihren Ehefrauen protzten, dass sich die Balken bogen. Oder der Mann, der im oberpfälzischen Kastl mit lautem, donnerndem Krachen die Beichtstühle durchsuchte, als gelte es, den leibhaftigen Teufel ausfindig zu machen. In Weltenburg regeln kleine Ampellichter den reibungslosen Beichtablauf. Und der schwere niederbayerische Akzent bei der englischen Führung durch die Aldersbacher Klosterkirche ist für sich schon eine Reise wert.

Stille und Besinnlichkeit kommen auf folgenden Seiten trotzdem nicht zu kurz. Und letztendlich warten auf Sie noch viele fromme Heilige, beherzte Missionare und so mancher unstete Geist, die allesamt mit Ihnen ein paar launige Stunden verbringen möchten. Meine Wenigkeit hatte schon das Vergnügen und so bleibt mir nur noch, Ihnen bei Ihren eigenen Erkundungen viel Spaß zu wünschen.

1

Ehemaliges Karmelitenkloster Abensberg

Landkreis Kelheim, Niederbayern

Ein reizvolles, im Kern mittelalterliches Städtchen, das charmant einen Landstrich überragt und Feinschmeckerherzen höher schlagen lässt.

Gegründet wurde das Karmelitenkloster 1391/1392 von Graf Johannes II. von Abensberg und dessen Frau Agnes von Liechtenstein. Zwischen den Jahren 1389 und 1392 wurde der Grundstein zur Klosterkirche zu »Ehren Unserer Lieben Frau« gelegt, doch erst in der Mitte des 15. Jahrhunderts waren die Bauarbeiten abgeschlossen.

Wenn Sie im Frühsommer nach Abensberg kommen, erwartet Sie gleich hinter dem Kloster eine besondere Attraktion: Auf dem Dach eines Nachbargebäudes richtet sich jedes Jahr ein Storchenpärchen häuslich ein, um in mittelalterlichem Ambiente seinen Nachwuchs großzuziehen.

Sie können Ihren Ausflug nach Abensberg mit einem Abstecher zum weltberühmten Donaudurchbruch nahe Kelheim verbinden. Nach einer kleinen Schiffspartie auf der sagenumwobenen Donau lohnt sich auch ein Besuch des Klosters Weltenburg.

Das Aventinus-Museum, benannt nach dem berühmten Geschichtsschreiber, dessen eigentlicher Name Johannes Thurmair (1477–1534) lautete, zeigt in den Räumen über dem Kreuzgang des ehemaligen Klosters Kunst- und Kulturgeschichtliches aus Abensberg und Umgebung.

Sie erreichen Abensberg über die A 9 München-Nürnberg. Am Autobahndreieck Holledau weiter auf der A 93 Richtung Regensburg, Ausfahrt Abensberg.

www.abensberg.de

Unsere spannende Sagen- und Legendenreise durch das große Gebiet des ehemaligen Altbayern beginnen wir in der schönen Hallertau, im niederbayerischen Abensberg. Den Gourmets ist der Name des gemütlichen, historischen Städtchens wohl bekannt, kommt doch aus der umliegenden Region jedes Jahr im Frühjahr ein zart schmelzendes Wurzelgemüse, dessen exquisiter Geschmack den Kenner in Verzückung geraten lässt – der Spargel.

Doch wir werden hier nicht auf Lukullus' Spuren wandeln, auch wenn neben dem Spargel so manch stangenbestücktes Feld Visionen von schaumgekrönten Bierkrügen in einem wachrufen – schließlich befinden wir uns im größten Hopfenanbaugebiet Deutschlands.

Eine sanft geschwungene Landschaft, je nach Jahreszeit gelb leuchtend, von blühendem Raps überzogen, so weit das Auge reicht, empfängt den Besucher. Keine spektakuläre Gebirgskette zeichnet sich am Horizont ab; weich fließende Hügel schmeicheln stattdessen dem Auge des Betrachters und prägen diese Region, in der sich auch der selten gewordene Biber wohl fühlt. Südlich von Abensberg tummelt sich das possierliche Tier in den klaren Fluten und den romantischen Auen der Abens.

Auf dem Weg zum Karmelitenkloster halten Sie in der Stadt Abensberg selbst, mit ihrem mittelalterlichen Stadtkern, am besten nach einem kleinen, hölzernen Turmaufsatz Ausschau und begehen nicht den Fehler, schnurstracks auf die beiden imposanten Türme der Pfarrkirche St. Barbara zuzustreben, so wie ich das getan habe. Die Karmeliten gehören einem Bettelorden an. Zurschaustellung von Pracht und Reichtum gehören nicht unbedingt zum Grundsatz dieses Ordens und das bescheidene Türmchen sollte dies bereits vor sechshundert Jahren symbolisieren.

Nichtsdestotrotz lohnt auch die St.-Barbara-Kirche einen Besuch, mit ihrem schönen, fast kargen Innenraum und den verblichenen Kissen in den Kirchenbänken, die, an Haken aufgehängt, auf Gläubige mit empfindlichen Kniegelenken warten.

Ursprünglich besaß das Türmchen der ehemaligen Karmelitenklosterkirche Unserer Lieben Frau, das die beiden wichtigsten Bestandteile unserer nachfolgenden Legende in seinem Inneren birgt, eine sechseckige, schlanke Spitze; auf dem Deckblatt der Festschrift zur Wiedereröffnung der restaurierten Kirche im Juli 1989[1] zeigt diese noch in ihrer ursprünglichen Gestalt in den blauen Himmel. Heute grüßt jedoch ein klassischer Zwiebelturm im Miniformat den Touristen – und selbstverständlich auch den Gläubigen.

Im Inneren der lang gezogenen, dreischiffigen Basilika treffen wir auf klassische barocke Formen, in denen das Rokoko luftig mitschwingt. Braun- und Goldtöne dominieren in verspielter Pracht vor den blendend weiß getünchten Wänden. Mit spektakulärer Vielfalt hat das Gotteshaus allerdings nicht aufzuwarten: Karge Schlichtheit – sofern dies der Barock zulässt – behält hier, gemäß den Forderungen eines Bettelordens, die Oberhand.

Im oben erwähnten Aventinus-Museum hängt ein Gemälde des edlen Klostergründers Johannes II. von Abensberg. Es zeigt uns einen stolzen Herrn in Ritterrüstung, dessen Augen warm und gütig über den Rand einer steifen Halskrause blicken. Die ersten Mönche, die eine neue Wirkungsstätte in Abensberg vorfanden, kamen aus dem Karmelitenkloster Straubing; aus Straubing war auch die Anregung zu einer Klostergründung in Abensberg gekommen. Doch wir wollen uns nicht weiter in geschichtlichen Details verlieren. Unser Hauptaugenmerk gilt vor allem den großen und kleinen Geschichten, den stillen Anekdoten und den spektakulären »Reißern«. Die folgende überlieferte Legende zählt eher zur ersten Kategorie, und doch ist sie es wert, hier niedergeschrieben zu werden.

Der Dreißigjährige Krieg war nicht spurlos an Abensberg vorübergegangen. Er hatte Narben und Schrammen in den Seelen der Menschen hinterlassen. Auch die Mönche des Klosters hatten schlimme Zeiten hinter sich. Viele Kostbarkeiten, die einst ihre Kirche geschmückt hatten, waren geraubt worden. Sogar die großen, schweren Glocken hatten die Schweden aus den Verankerungen gelöst und weggeschleppt.

Nachdem die Männer aus dem Norden Abensberg endlich verlassen hatten und weitergezogen waren, schmiedete man hinter den dicken Mauern des Karmelitenklosters schon bald wieder eifrig Pläne: Neue, schöne Glocken sollten den Turm der Kirche zieren und die Menschen aus nah und fern zum Gottesdienst rufen. Schnell fand man den rechten Mann für diese Aufgabe und so wurde ein gewisser Johann Schelchshorn, ein erfahrener Meister seines Fachs aus Regensburg, im Jahr 1669 mit der Arbeit betraut.

Gar nicht weit von Abensberg entfernt, genauer zwischen Abensberg und Kelheim in einem Dorf namens Teuerting, lebte damals ein frommer Bauer auf seinem Hof. Jeden Sonntag packte er seine Familie auf den hölzernen Karren, spannte die Rösser an und fuhr nach Abensberg hinein zum Kirchgang. Er galt als redlich und rechtschaffen, zudem hatte er es durch harte Arbeit zu bescheidenem Wohlstand gebracht und war in der ganzen Umgebung hoch angesehen. Nach einem dieser Gottesdienstbesuche, am Stammtisch bei einem frisch gezapften Bier, erfuhr unser Bauer dann auch, dass in den nächsten beiden Tagen die Glocken gegossen werden sollten, und beschloss, diesem Ereignis beizuwohnen. Seine Stammtischbrüder lachten ihn noch gehörig aus, doch er ließ sich nicht davon abbringen und ein paar Tage später sah man ihn auf der Landstraße Richtung Regensburg fahren. Als er in der Werkstatt des Johann Schelchshorn ankam, war schon alles vorbereitet. Kirchturmglocken entstehen nicht an einem Tag. Ein langer Arbeitsprozess lag hinter dem Meister und endlich war es so weit, dass das Erz in die Formen gegossen werden konnte. Schon am frühen Morgen hatte der Bauer energisch an die Türe geklopft und stand nun neben Johann Schelchshorn, die Augen glänzend in die Flammen gerichtet. Johann hatte sich über den einfachen Mann vom Lande gewundert, der unbedingt beim Gießen dabei sein wollte und sich nicht hatte abwimmeln lassen. Sei's drum, hatte sich der Johann gedacht und sich daran gemacht – zusammen mit seinem Gesellen –, das kochend heiße, zähflüssige Metall für den Guss vorzubereiten.

Da zupfte mit einem Mal der Bauer an seinem Ärmel. Unwirsch fuhr Johann herum und wollte gerade ein Donnerwetter anstimmen, als er sah, dass auf der schwieligen Hand des Mannes silberne Taler in der rot glühenden Luft aufblitzten. Mit der anderen Hand zog dieser nun ein Säckchen aus der Hosentasche, in dem vermutlich noch mehr Geld verborgen war, so prall und schwer wirkte es im Halbdunkel der Werkstatt.

Der Bauer bat den verwirrten Meister, das Säckchen zu öffnen und seinen Inhalt in die heiße Masse zu kippen. Schaden konnte das dem Erz nicht, also tat Schelchshorn, wie ihm geheißen. Mit einem schmatzenden Geräusch verschwanden die wertvollen Silbertaler in dem dampfenden und brodelnden Brei aus Metall und schmolzen augenblicklich dahin.

Seit jenem denkwürdigen Tag sagt man den Glocken der Karmelitenkirche zu Abensberg einen besonderen, silbernen Klang nach.

2

Zisterzienserkloster Aldersbach

Landkreis Passau, Niederbayern

*Ein Kloster, das den Höhepunkt des bayerischen Barock
repräsentiert, inmitten einer urwüchsigen Landschaft,
in der heute noch der Teufel sein Unwesen treiben soll.*

Um 1120 gründete Bischof Otto von Bamberg, unter Einfluss des
ortsansässigen Adels, in Aldersbach ein Augustiner-Chorherrenstift. 1146 ließen sich die Zisterzienser hier nieder. 1207
wurde die dreischiffige Klosterkirche geweiht. Im 17./18. Jahrhundert wurde die gesamte Klosteranlage Zug um Zug erneuert und erstrahlt heute im Glanz des typischen bayerischen Barock. 1811 gingen die Klostergebäude und Klostergüter in
private Hand über.

Im Klosterbräustüberl und im Restaurant Klosterhof können
Sie nach Herzenslust schlemmen und Ihre ausgedörrten Kehlen
mit ebenjenem köstlichen Gerstensaft befeuchten, der in der hie-
sigen Brauerei nach alter klösterlicher Tradition gebraut wird.
Wie dieses Bier hergestellt wird, erfahren Sie im Brauerei-
museum, das gleich an den gut sortierten Klosterladen anschließt
und Sie in die geheimnisvolle Welt der Sudpfannen und Gär-
becken einführt.

Im Bibliothekssaal des Klosters sind die Fresken des berühmten Asamschülers Matthäus Günther zu bewundern.

Das Kloster Aldersbach erreichen Sie über die A 92
München-Deggendorf, Ausfahrt Plattling-West.
Weiter über Osterhofen nach Vilshofen. Von dort folgen Sie
der Ausschilderung nach Aldersbach.

www.kloster-aldersbach.de

Etwa zehn Kilometer südlich von Vilshofen liegt das Kloster Aldersbach mit seiner rosa-weiß getünchten Klosterkirche, der Pfarrkirche Mariä Himmelfahrt, deren barocke Kirchturmspitze wie eine kunstvoll gespritzte Sahnehaube aussieht. Dies ist natürlich eine schnöde Umschreibung, die den Laien ausweist, doch einen Vergleich außerhalb des Fachjargons nehmen Sie mir sicherlich nicht übel.

Ansonsten warten die Klosteranlagen mit einer wahren Fülle an Kunst- und Gaumenfreuden auf, sodass der Slogan, mit dem das Kloster auf seinem Prospekt wirbt, ganz und gar der Wahrheit entspricht: *Kloster Aldersbach – das Erlebnis für Leib und Seele!* Auch das Prädikat »schönste Marienkirche Bayerns« beansprucht Aldersbach für sich. Und hat man erst einmal das Tellerfleisch im Restaurant Klosterhof genossen, das, wie es sich gehört, im Sud auf den Tisch kommt, fühlt man sich fast in himmlische Sphären hinaufkatapultiert.

So gut gestärkt führt, nach einer Kostprobe des Aldersbacher Biers im Tonkrügerl zum feudalen Mahl, der Weg beschwingt hinüber in die besagte Klosterkirche, deren prunkvolles Inneres eines der reichsten Werke des Barock präsentiert.

Die rührigen Asambrüder, die im 18. Jahrhundert im routinierten Schnellverfahren Bayerns Kirchenschiffen das uns heute so bekannte Aussehen gaben, wurden um 1720 von Abt Theobald I. Grad beauftragt, sich der Aldersbacher Kirche anzunehmen. Diese hatte mit dem ursprünglichen Gotteshaus der Zisterzienser natürlich nur noch wenig gemein, da den »weißen Mönchen« eher an einem schlichten Gotteshaus gelegen war.

Ein paar Jahrhunderte später sah die Sache nun jedoch ganz anders aus: Jetzt war Prunk und Pomp angesagt!

Die beiden Brüder schufen auch prompt – wie so oft – ein Meisterwerk. Doch auch der Hochaltar des Passauer Bildschnitzers Matthias Götz mit seinen über achtundachtzig Engeln, die ineinander verschlungen die Dreifaltigkeit preisen, verdient bewundernde Aufmerksamkeit. Die bekommt er auch von zahllosen Besuchern, die sogar aus dem Ausland nach Niederbayern strömen und in fehlerfreiem Englisch, mit deutlich niederbayerischem Akzent, kundig und liebevoll durch das Gotteshaus geführt werden.

In allen Winkeln und Ecken wartet Mariä Himmelfahrt mit Sehenswürdigkeiten auf, doch am bemerkenswertesten ist ein handschriftlicher Spruch, den ein (mir) Unbekannter unter die Geschichte der Abteikirche Aldersbach geschrieben hat; schlicht gerahmt hängt diese an einem der Kirchenpfeiler, darunter steht fein säuberlich: »Die groß geschaut und kühn gebaut – sie ruhen in den Särgen; auf ihren Gräbern kriechen wir – nur als ein Geschlecht von Zwergen.« Dem ist eigentlich nichts mehr hinzuzufügen!

Wir verlassen die Kirche, schlendern noch kurz durch den Kreuzgang und werfen einen Blick auf den romantischen Kreuzgarten. Über den verrosteten Grill, die paar leeren Bierfässer und einen alten Tisch in besagtem Garten, mag sich der Besucher vielleicht wundern, aber warum sollten die Brüder und Schwestern der Zisterzienseroblaten, die heute dem Kloster wieder Leben einhauchen, nicht auch einmal an einem lauen Sommerabend ein zünftiges Grillfest feiern?

Teufelssagen sind vor allem in Niederbayern weit verbreitet.[2] Warum das so ist, bleibt das Geheimnis dieses gehörnten Fürsten aus der Unterwelt. Vielleicht hat ja der unheimliche Geselle, trotz aller Bosheit und Niedertracht, sich einen Sinn für das Schöne bewahrt – schließlich war Luzifer einmal ein Engel Gottes – und Gefallen gefunden an den sanften Hügeln, der liebreizenden Landschaft und den bodenständigen Menschen, die darin leben. Letzten Endes bringt er jedoch immer Zerstörung und eine Menge Ärger mit sich, wie zum Beispiel auch vor langer Zeit in einem kleinen Ort nahe Aldersbach.

Nicht unweit der Zisterzienserabtei lebte ein alter, mürrischer Handwerker[3] mit seiner Tochter Barbara in einer heruntergekommenen, windschiefen Kate. Der Vater machte dem Mädchen das Leben schwer. Den lieben langen Tag soff er sich durch eine Batterie von Schnäpsen und goss sich literweise das Bier in den gierigen Schlund. Zudem fluchte er, was das Zeug hielt. Von klein auf an die rauen Sitten des Vaters gewöhnt, hatte sich Barbara dennoch ein sonniges Gemüt bewahren können – und eine besondere Vorliebe für gestockte, saure Milch, der einzige Luxus, den sie sich gönnte. So löffelte Barbara eines Tages genüsslich ihre Milch, als schimpfend und torkelnd der Alte in die

Stube getrampelt kam und beim Anblick der Tochter wie von Sinnen brüllte: »Iss in Teufels Nam' und iss den Teufel mit hinein!«[4]

Das Mädchen führte eben den Löffel zum Mund, erblasste schlagartig und begann augenblicklich zu zittern und sich in unkontrollierten Krämpfen zu winden. Der leibhaftige Teufel hatte Besitz vom Körper der armen Barbara ergriffen und brachte die junge Frau zum Schreien und Toben, dass die Wände wackelten.

Vom Lärm angezogen, lugten alsbald die neugierigen Nachbarn zur Türe herein, um gleich wieder erschrocken zurückzufahren und sich hastig zu bekreuzigen: Die Handwerkerstochter sah auch Furcht erregend aus. Die Haare standen ihr wirr vom Kopf ab, das sonst so zarte Gesicht war zu einer grotesken Fratze verzerrt. Mitleid siegte dann doch über die Angst vor der Besessenen und so trugen sie mit vereinten Kräften das sich windende Mädchen hinüber in die Dorfkirche. Schnell schickte man einen jungen Mann zum Aldersbacher Kloster, um den Mönch Wilhelmus herbeizurufen, der sich bekanntlich in Teufelsdingen auskannte.

Völlig außer Atem und mit besorgtem Blick traf Wilhelmus wenig später in der Kirche ein. Beherzt trat er auf das Gift und Galle speiende Mädchen zu, zückte ein kleines Kruzifix und begann mit der Teufelsaustreibung. Doch Satan hatte überhaupt keine Lust, die schöne Barbara zu verlassen, und versuchte, mit dem braven Mönch ins Geschäft zu kommen. Anstatt aus dem Mädchen auszufahren, um nie wieder ein lebendiges Wesen als Wohnstatt zu benutzen, wie Wilhelmus es verlangte, bat er den Zisterzienser, ihn in einen Grasstreifen zu verwandeln. Er malte sich aus, wie die Menschen Grashalme ausrissen, um in ihren Zähnen damit herumzustochern, was eine wunderbare Gelegenheit wäre, um wieder in eine dieser elenden Kreaturen einfahren zu können.

Nun, der Teufel hatte die Rechnung ohne den Wirt gemacht. Wilhelmus wurde jetzt erst richtig sauer. Mit donnernder Stimme herrschte der Mönch den Beelzebub an: »Weißt du, Höllenhund, dass ich von Gott die Gewalt habe, dich zu bannen an einen wüsten Ort, wo du keinem Menschen Schaden und Mangel bringen kannst, wo kein Sonn' und Mond mehr scheint?«[5] Dem Teufel verschlug es bei den Worten des Bruders glatt die Sprache und Wilhelmus verbannte ihn vorerst ins wildeste Gebirge und Barbara war gerettet.

Wie wir aus vielen Quellen wissen, hat der Bannspruch des Mönchs Wilhelmus allerdings auf Dauer herzlich wenig genutzt. In seinem unersättlichen Hass machte Luzifer auch später noch viele Klöster und Orte in Niederbayern – und anderswo – unsicher. Und auch heute noch möchte man ab und zu meinen, den schwefeligen Gestank des Höllenfürsten in der Nase zu haben.

3

Dominikanerinnenkloster Altenhohenau

Landkreis Rosenheim, Oberbayern

Traumverloren und fast vergessen birgt das Kloster Altenhohenau ein erstaunliches Kleinod hinter seinen Kirchenmauern: Das Columba-Jesulein, eine Holzfigur mit nur allzu menschlichen Zügen.

1237 wurde das Kloster von dem letzten Wasserburger Grafen, Graf Konrad, gestiftet. Er hatte ein Kreuzzugsversprechen nicht erfüllt und gründete daraufhin dieses erste Dominikanerinnenkloster Süddeutschlands. 1670/75 wurde die ehemalige Dominikanerinnen-Klosterkirche neu errichtet, wobei Teile des alten Gotteshauses von 1235 mit einbezogen wurden. 1765 erfolgte die Barockisierung.

Jedes Jahr, am letzten Sonntag im August, wird das Columbafest in Altenhohenau begangen. Die Legende des Klosters ist eng mit diesem Fest verbunden.

Altenhohenau liegt an der B 15. Über Ebersberg führt die B 304 nach Gabersee und Reitmehring, dort biegen Sie auf die B 15 Richtung Rosenheim ab. Vor Rott am Inn weist eine Abzweigung nach Griesstätt. Kurz hinter Griesstätt zweigt eine kleine Straße links zum Kloster hinunter.

www.altenhohenau.de

Altenhohenau liegt einsam und versteckt in den Flussauen des Inn; vom anderen Ufer grüßt das Kloster Attel herüber. Wenig stört hier die Andacht und das Wirken der Dominikanerinnen. Nur noch eine Hand voll Frauen, in weißen, langen Gewändern und mit schwarzen Schleiern, versammelt sich täglich in der kleinen Klosterkirche, um für den Frieden auf Erden und unser aller Seelenheil zu beten. Seltsam anrührend wirken die Nonnen – einige sind schon hochbetagt –, wenn sie zum heiseren Ton einer Mundharmonika ihre Lieder anstimmen und ihre brüchigen Stimmen sich im Kirchenschiff verlieren. Dem Besucher zeigt sich beim Betreten der Kirche St. Peter und Paul ein kleines, geducktes Gotteshaus, das bereits auf den ersten Blick seine Schönheit und seinen unwiderstehlichen Charme offenbart. Schon allein der wunderbare Hochaltar von Ignaz Günther lässt einen in Verzückung geraten. Beim genaueren Hinsehen fallen zudem außergewöhnliche Details ins Auge: Am berühmtesten mag wohl das so genannte Columba-Jesulein sein, ein gotisches Kleinod, prächtig gekleidet in barockem Gewand. Geheimnisvoll lächelnd blickt es uns aus einem kleinen Glasschrank entgegen.

Gleich daneben erblicken wir den erwachsenen Jesus am Kreuz – besser gesagt an der »Astgabel«, die den Lebensbaum symbolisiert. Mit ihm hat es eine besondere Bewandtnis: Der Körper des Gemarterten ist innen hohl. Früher war dieses kostbare, frühgotische Kruzifix, das so genannte Mystikerkreuz, ein beliebtes Pilgerziel gewesen: Durch die Seitenwunde schoben die Gläubigen Votivzettel; über neunhundert solcher Zettel hatten im Leib des Gekreuzigten Platz.

Noch ein zweites, hochverehrtes Wallfahrtsziel birgt die äußerlich so bescheiden wirkende Klosterkirche: In einem goldgeschmückten Glaskästchen auf dem rechten Seitenaltar befindet sich eine kleine, stoffbekleidete Schnitzfigur, das Altenhohenauer Jesuskind, das grazil Zepter und Kreuz in seinen zarten Händen hält. Es zählte einst zu den zwölf bedeutendsten Wallfahrtsbildern Bayerns und soll an vielen heiligen Stätten Palästinas berührt worden sein, bevor es in das abgeschiedene Kloster am Inn kam. Das so genannte »Gnadenkindl« verhalf dem Kloster im 18. Jahrhundert zu neuer, ungeahnter Blüte, nachdem dieses Jahrhunderte lang in einen Dornröschenschlaf gefallen war.

Heute glaubt kaum einer mehr an Wunder, das Altenhohenauer Kindl hat seine Anziehungskraft verloren; über das Kloster hat sich wieder der Mantel des Vergessens gelegt, aber vielleicht macht gerade das den Reiz eines Besuches aus. Stille findet man hier im Überfluss!

Doch zurück zum pausbäckigen Columba-Jesulein. Begonnen hat die Geschichte mit einer jungen Frau aus München, Maria Columba Weigl (ihr tatsächlicher Name lautete Elisabeth Franziska Weigl. Den Namen Maria Columba erhielt sie im Kloster, am Tag ihrer Weihe). Im zarten Alter von siebzehn Jahren, nämlich 1730, trat sie dem Orden der Dominikanerinnen im Kloster Altenhohenau bei. Bereits als Kind war Elisabeth von Visionen heimgesucht worden und ein Jahr nach ihrem Eintritt ins Kloster erhielt sie am 19. August 1731 unter dem oben erwähnten Mystikerkreuz die Wundmale Christi.

Auf Grund ihrer zahlreichen Visionen, ihrer Stigmen und ihrer tiefen Frömmigkeit wurde Columba schon zu Lebzeiten als Mystikerin verehrt. Beim Eintritt ins Kloster hatte sie vermutlich als so genannte »Brautgabe« eben jene kleine aus Lindenholz geschnitzte Figur des Jesukindleins bei sich, die uns heute von der Seitenwand herab zulächelt. In ihrer jugendlichen Ängstlichkeit bot ihr die Figur Trost und Geborgenheit, war doch das Leben im Kloster fremd und streng. »Ziehe nur ab deine weltlichen Kleider, ich will dir das Himmelreich dafür geben«[6], soll das Jesukind zu ihr gesprochen haben.

Columba wurde eine eifrige und gute Nonne. Im tiefen Bewusstsein, den richtigen Weg eingeschlagen zu haben, lebte sie ein zurückgezogenes, glückliches Leben hinter den dicken Klostermauern von Altenhohenau. Am 31. August 1783 starb sie im Kreis ihrer Glaubensschwestern – und mit Sicherheit kam sie auf direktem Weg in den Himmel.

Das Columba-Jesulein blieb auf der Erde zurück und entwickelte bald eine eigenartige Besonderheit. Jeden Morgen, wenn sich die Nonnen zum ersten Gebet in der Kirche versammelten, stand das Jesukindlein mit zerrissenem Schuhwerk auf dem Altar. In Fetzen hingen die sorgfältig genähten Schuhe von den hölzernen Füßchen. Niemand konnte sich einen Reim darauf machen – bis eine beherzte Nonne sich eines Nachts auf die Lauer legte. Im Schutz der Dunkelheit, verborgen hinter einem Pfeiler, wachte sie geduldig und mit steifen Gliedern. Worauf sie wartete, wusste sie selbst nicht genau.

Nach einer halben Ewigkeit, wie es ihr schien, regte sich etwas am Ende des Ganges und im Zwielicht des Mondes, der mittlerweile aufgegangen war, erkannte sie schemenhaft eine kleine, etwas über einen halben Meter große Gestalt. Flink bewegte sich das Kind über den steinernen Boden, wobei es immer im Schatten der Mauern blieb und so die Fenster mied, als hätte es Angst, entdeckt zu werden. Ein eigenartiges Geräusch begleitete das kleine Wesen auf seinem Weg durch das nächtliche Kloster: ein hölzernes Klappern auf Stein, mal lauter, mal leiser, sodass die Ordensschwester keine Mühe hatte, ihm zu folgen. Verblüfft sah sie, wie das Kind in Richtung der Zellen lief, hinter deren Türen ihre Mitschwestern schliefen.

Behutsam öffnete das Columba-Jesulein – dessen war sich die Nonne jetzt sicher – eine Zellentüre nach der anderen, blickte kurz auf die Schlafenden und vergewisserte sich so, dass alles in Ordnung war. Dann machte es abrupt kehrt und lief zurück in die Kirche.

Am nächsten Morgen bot sich den Nonnen das gleiche Bild in ihrem Gotteshaus wie an all den Tagen zuvor. Auf dem Altar stand das Columba-Jesulein mit arg ramponierten Schuhen und einem seligen Lächeln auf den Lippen. Doch an jenem Morgen wirkte dieses Lächeln auf die frommen Frauen eher verschmitzt und fröhlich stimmten sie das Lob Gottes an, wussten sie sich doch nun unter einem besonderen Schutz.

4

Kapuzinerkloster St. Anna, Bruder-Konrad-Kirche, Altötting

Landkreis Altötting, Oberbayern

Altötting ist ein Wallfahrtsort der Superlative. Hier gehen Mystik, Glaube und Kommerz Hand in Hand.

Mitte des 17. Jahrhunderts kamen die Franziskaner nach Altötting. 1656 wurde ihr neues Kloster fertig gestellt. Als die Franziskaner 1802, im Zuge der Säkularisation, Altötting verlassen mussten, zogen Kapuziner in das Kloster ein. Die St.-Anna-Kirche, die so genannte Basilika, entstand gut einhundert Jahre später, in den Jahren 1910 bis 1912, und ist somit eines der jüngsten Gotteshäuser in diesem Buch.

Ein Tag reicht nicht aus, um in diesen heiligen Ort ganz einzutauchen. Neben den vielen Kirchen und der Gnadenkapelle, sollten Sie in jedem Fall der Stiftskirche St. Philipp und Jakob einen Besuch abstatten, die von keinem Geringeren als Ludwig dem Kelheimer – ihm begegnen wir im Kapitel über das Landshuter Kloster Seligenthal wieder – gestiftet wurde. In der ehemaligen Sakristei dieser Kirche befindet sich die so genannte Schatzkammer, in der Sie, neben vielen anderen Heiligtümern, das weltberühmte »Goldene Rössl« bewundern können.

Altötting erreichen Sie über die A 94 München-Passau und weiter auf der B 12 über Haag i. Obb. und Mühldorf am Inn.

www.altoetting.de

Was gäbe es nicht alles über Altötting, den weltbekannten Gnadenort, zu erzählen. Unmengen von Büchern in unzähligen Sprachen für Pilger aus aller Welt sind über diesen Wallfahrtsort, der ehedem Andechs vom Thron des bekanntesten Wallfahrtsziels gestoßen hat, verfasst worden. Den rührigen Mittelpunkt dieses oberbayerischen Mekkas des Glaubens bildet die kleine, bescheidene Gnadenkapelle, die einen religiösen Schatz der Superlative beherbergt: das Gnadenbild Mariens, eine aus Lindenholz geschnitzte Figur aus dem 14. Jahrhundert, deren liebliches Antlitz durch Alter und Kerzenrauch dunkel gefärbt ist. So ist also auch Altötting mit einer wundertätigen »schwarzen Madonna« gesegnet und jahrein, jahraus nehmen Tausende von Gläubigen den Weg auf sich – im komfortablen Reisebus oder gar zu Fuß –, um ihre Anliegen und Bitten der Muttergottes vortragen zu können.

Gab es in früheren Zeiten einfache, bleierne Pilgerabzeichen, die sich der fromme Mann nach langer Wanderschaft stolz an den Hut stecken konnte, so wartet heute ein moderner Wallfahrtsort mit einem ganzen Sortiment an Kitsch und Krempel auf, um die Kauflust eines Pilgers des 21. Jahrhunderts stillen zu können. Freilich kann man – neben Marienbildern in bombastisch güldenen Plastikrahmen und Heiligenfiguren aus allen möglichen Materialien – auch schöne Rosenkränze, geweihte Opferkerzen und Fläschchen für heilkräftiges Wasser erstehen.

Da unser Besuch in Altötting eigentlich gar nicht der Muttergottes gilt, begnügen wir uns mit einer kurzen Stippvisite der heiligen Hallen – der weltberühmten Gnadenkapelle: Draußen, unter einem überdachten Rundgang, zeigen rund zweitausend Votivtafeln, wie zuverlässig die Heilige Jungfrau als Fürsprecherin beim Allmächtigen arbeitet. Unter einer großen Glasvitrine, aus der einem wächserne Augen unter schweren Lidern anstarren, lehnen handliche Holzkreuze an der Wand, mit denen man die Gnadenkapelle umrunden kann.

Begleitet von inbrünstigen Gebeten, die laut über den weiten Platz schallen, öffnet sich die einfache Holztüre und gibt den Blick frei in den kleinen Innenraum der Kapelle. Der Mystik und Kraft dieses Ortes kann sich wohl kaum einer entziehen; »Das zauberhafte Spiel von mystischem Dunkel und dem von Kerzenlicht sprühenden Gold und Silber des Altares und der Silbervotive in den Wandschreinen nimmt jeden Besucher gefangen.«[7] Gekrönte Häupter – bevorzugt aus dem Hause Wittelsbach – haben buchstäblich ihre Herzen in der Gnadenkapelle gelassen. In imposanten Urnen ruhen diese in den Nischen der schwarz bemalten Wände des Oktagons, dem achteckigen Raum mit dem Gnadenaltar.

Viele Wunder, Krankenheilungen und geheimnisvolle Lichterscheinungen werden nicht nur der Gnadenmadonna nachgesagt. Die Legende um den heiligen Konrad von Parzham, den so genannten »ewigen Pförtner«, ist zwar nicht ganz so berühmt, aber der Pilgerstrom, der sich heute durch die schöne Kreisstadt wälzt, gilt auch diesem bescheidenen Kapuzinermönch. Seine Reliquien sind in einem wunderbaren Glasschrein in der Bruder-Konrad-Kirche des Kapuzinerklosters St. Anna ausgestellt. Unter einem Baldachin, vorn am Altar, schmückt eine lebensgroße, liegende Statue das Grab mit den sterblichen Überresten.

In einer Ecknische, außen an der Kirche, wartet der Heilige, die Hand halb segnend, halb mahnend erhoben, auf Gläubige, die nach einem erquickenden Gebet noch etwas wundertätiges Wasser mit nach Hause nehmen möchten. Über eine in der Leitung verborgenen Reliquie des Bruders, läuft das Wasser aus einem Krug in seiner rechten Hand in das Becken des Bruder-Konrad-Brunnens.

Die Lebensgeschichte des Klosterpförtners von Altötting begann ziemlich unspektakulär. Am 18. Dezember 1818 war er als Johann Evangelist Birndorfer in Parzham zur Welt gekommen, nachdem seine Mutter nach »Maria Hilf« in Passau gepilgert war, um bei der Gottesmutter um reichen Kindersegen zu bitten. Der Birndorfer Hansl, elftes von zwölf Geschwistern – und nach damaligem Recht als jüngster Sohn der Hoferbe –, zeigte schon früh eine tiefe religiöse Neigung. Und recht bald war dem jungen Mann klar, dass er sein Leben hinter den Mauern eines Klosters verbringen wollte und nicht als Bauer auf dem heimischen Hof.

1849 trat Johann in das Kapuzinerkloster St. Anna in Altötting ein. Drei Jahre später legte er die Gelübde ab und erhielt den Namen Konrad. Den Beinamen »ewiger Pförtner« erhielt Bruder Konrad erst lange nach seinem Tod, als Papst Pius XI. den braven Mönch am 20. Mai 1934 in Rom heilig sprach.

Schon sehr bald nach seinem Eintritt ins Kloster wurde Konrad der Platz an der Klosterpforte zugewiesen. Über vierzig Jahre lang versah der pflichtbewusste Kapuziner diese anstrengende Tätigkeit. Tausenden von Wallfahrern gab Bruder Konrad an seiner Pforte Auskunft; er half

Armen und Kranken und reichte Hungernden den retten-
den Kanten Brot. Immer hatte er ein tröstendes Wort auf
den Lippen, oft auch ein warnendes und vor allem den
Kindern war er zutiefst zugetan.

Das Leben hinter den Klostermauern verlief in gere-
gelten Bahnen und im tiefen Glauben an Gott. Konrads
Lieblingsplatz war die so genannte Alexiuszelle, »ein kleiner Raum unter der Konventstiege, von dem aus ein Fens-
terchen den Blick auf den Hochaltar der St.-Anna-Kirche
freigibt«.[8] Hier war er ungestört, hier konnte er sein Inners-
tes Gott zuwenden. Noch heute legen Gläubige Briefe in
die Fensternische, um dem ewigen Pförtner ihre geheims-
ten Sorgen und Nöte anzuvertrauen. In diesem Raum geschah dann auch eines Tages ein eigenartiges Wunder.

Der Kapuzinermönch hatte Ärger mit dem königlichen
Amtstierarzt Alois Brenner bekommen. Der damals in
Vilshofen residierende Arzt hatte mitbekommen, dass
Konrad gesegnete Kräuterbündel an Bauern gab, um die
Tiere in den Ställen vor Krankheit zu schützen und um
drohendes Unheil von den Höfen abzuwenden. Alois
Brenner sah in diesen harmlosen Segnungen die Förderung
von Aberglauben und Kurpfuscherei. Die Sache gipfelte in
einer Konfrontation der beiden an der Klosterpforte, wobei der feine Herr Brenner natürlich den Kürzeren zog und
wutentbrannt von dannen schritt.

Konrad hingegen zog sich in die Alexiuszelle zurück,
um für den Veterinär zu beten. Demütig fiel er auf die
Knie; und mit Blick auf den Hochaltar begann der Bruder
inbrünstig zu Gott zu flehen. So fand ihn dann auch der
Guardian (der Hausobere). Doch als er näher trat, um mit
Konrad über das Vorgefallene zu sprechen, bemerkte er,
dass sich dieser in einem Zustand vollkommener Ekstase

befand. Aus dem Mund des betenden Mönchs quollen feurige Kugeln, die langsam gen Hochaltar davon schwebten. Die glitzernden Gebilde schienen Funken zu sprühen und glänzten, als wären sie aus purem Gold. Seifenblasen gleich, füllten sie das hohe Kirchenschiff, bis sie sich auf wunderbare Weise auflösten. Die flammenden Kugeln wurden zum Markenzeichen des braven Pförtners von St. Anna. Im Laufe seines Lebens fiel er immer wieder in einen seltsamen Zustand der Ekstase, doch bis zu seinem Tod, am 21. April 1894, wurden nur wenige Menschen Zeugen dieses Wunders.

Eines schönen Tages, als Konrad noch fidel und munter inmitten seiner Gemeinschaft lebte und viele seiner Stunden in dem kleinen Raum an der Pforte fristete, erreichte ein ganz besonderer Pilger Altötting. Wir wissen nicht, ob unserem heiligen Mann die wallfahrende Kröte, um die es hier geht, überhaupt aufgefallen ist. Mit Sicherheit ist sie jedoch an ihm vorbeigehüpft, denn das Kloster liegt ja direkt am Weg zur Gnadenkapelle. Nur wer achtet schon auf so ein kleines Tier! Doch auch seine Geschichte ist erwähnenswert. Vor langer Zeit legte nämlich ein armer Mann aus Kastl nahe Altötting ein Gelübde ab: Egal, wie übel ihm das Leben mitspielen werde, er würde nach Altötting pilgern – und wenn er wie ein Frosch dorthin hüpfen müsste. Nun, das Leben meinte es nicht gut mit dem frommen Burschen. Er arbeitete hart und schuftete schwer, um seine Familie einigermaßen über Wasser halten zu können. An eine Wallfahrt war nicht zu denken. Am Ende schloss er für immer die Augen, ohne einmal in das gütige Gesicht Unserer Lieben Frau von Altötting geschaut zu haben.

Doch anstatt gnädig in den Himmel aufgenommen zu werden, traf dort oben den armen Mann der göttliche

Zorn. Der liebe Gott springt anscheinend nicht gerade zimperlich mit Leuten um, die ihr Gelübde nicht halten, und so fand sich unser Sünder recht bald wieder unsanft auf der Erde wieder – in Gestalt einer Kröte und mit der Auflage, nach Altötting zu pilgern.

Man kann sich lebhaft vorstellen, wie lange und wie unendlich mühsam die Reise des hart bestraften Frosches gewesen sein muss. Nicht selten wurde er von Kindern misshandelt; er sah Schuhsohlen gefährlich nah von unten und ganz besonders böswillige Menschen trieben ihn mit Stöcken in die Flucht, sodass er lange Umwege in Kauf nehmen musste. Letztendlich brauchte er Jahre, bis er am Horizont die Dächer Altöttings erspähte, und noch einmal Jahre, um ins Innere der Kapelle zu gelangen, denn jeder sah in dem geplagten Mann nur einen hässlichen Frosch.

Dann endlich konnte er die Heimreise antreten und unter großen Mühen erreichte er wieder sein Heimatdorf. Dort begab er sich sofort zur Pfarrkirche und als der alte Messner erschien, richtete sich das breitmäulige Tier auf seinen langen Hinterbeinen auf und nahm eine flehentliche Haltung ein. Der Messner hatte in seinem langen Leben schon viel gesehen und erst wollte er den komischen Frosch auch wegstoßen, aber dann ließ er das Tier doch in die Kirche ein. Der Frosch hüpfte nach vorn und verwandelte sich vor dem Altar in eine lichtumflutete Menschengestalt. Er erzählte dem überraschten Messner seine Leidensgeschichte und verschwand.

Hoffentlich hatte Gott ein Einsehen und nahm den armen Mann daraufhin endlich in den Himmel auf.

5

Benediktinerkloster Andechs

Landkreis Starnberg, Oberbayern

Das Kloster Andechs, ein bayerisches Juwel mittelalterlicher Wallfahrtsgeschichte, birgt hinter seinen Mauern einen der größten Reliquienschätze unserer Zeit.

Herzog Albrecht III. – wir kennen ihn alle auf Grund seiner dramatischen Beziehung zur schönen Agnes Bernauer – stiftete im 15. Jahrhundert auf dem »Heiligen Berg« eine Benediktinerabtei, die am Georgitag 1455 von sieben Mönchen aus Tegernsee bezogen wurde. Bereits im 12. Jahrhundert erhob sich an jener Stelle eine Wallfahrtskirche. In den Jahren 1420 bis 1425 entstand ein Kirchenneubau, der heute noch den Kern der Wallfahrts- und Benediktinerklosterkirche St. Nikolaus, Elisabeth und Maria bildet. Nach einem verheerenden Brand 1669 wurde das Gotteshaus 1676 neu eingeweiht.

Ein Besuch des Andechser Klosterbräustüberls ist quasi zwingend. Kosten Sie doch mal das frische Weißbier vom Fass, das auf dem »Heiligen Berg« im Glaskrügerl serviert wird.

Die einfallsreichen Benediktiner bieten neben köstlichem Bier auch Besinnungstage, Fortbildung für Manager nach der Regel des heiligen Benedikt und viele weitere Seminare an.

Ein unbedingtes Muss ist das alljährliche Sommerfestival »Orff in Andechs«, das am Fuße des Berges im so genannten Florian-Stadl ausgerichtet wird.

Sie erreichen Andechs über die A 96 München-Lindau, Ausfahrt Oberpfaffenhofen. Über Wessling, Seefeld und Herrsching geht es hinauf zur Ortschaft Andechs-Erling (ausgeschildert), die unterhalb des Klosters liegt.

www.kloster-andechs.de

Goldenes Sonnenlicht wirft filigrane Muster durch luftiges Blättergewirr; der Himmel strahlt in sattem Blau; ein laues Lüftchen streichelt den Nacken und der Gerstensaft im Krug schimmert wie flüssiges Gold: Ein Tag, wie geschaffen für eine Maß im Biergarten auf dem »Heiligen Berg«! Wo sonst liegen kulinarischer, spiritueller und geistlicher Genuss so nahe beieinander wie in Andechs? Sommers wie winters zieht die älteste und eine der bedeutendsten Wallfahrtsstätten Bayerns Menschen wie ein Magnet an. Und bereits im Mittelalter galt der Besuch nicht nur dem unglaublichen Reliquienschatz, sondern auch den »göttlichen« Erzeugnissen aus der Brauerei der Mönche, dem »flüssigen Brot«, wie es der Benediktinerpater Willibald Mathäser in seinem Buch über Andechs und sein Klosterbier nannte.

Heutzutage quälen sich, keuchend und schnaufend, Tausende von Touristen jährlich den Berg hinauf, der, von traumhafter Landschaft umgeben, das wunderschöne Kloster auf seinem Rücken trägt. Schon von weitem ist der Kirchturm, der sich wie der Zeigefinger Gottes in den bayerischen Himmel bohrt, auszumachen. Er zeigt müden Pilgern das ersehnte Ziel an; er lässt Radlerherzen bei seinem Anblick höher schlagen – verheißt er doch erfrischendes Nass in staubigen Kehlen – und er kennzeichnet die geweihte Stelle eines hochverehrten Reliquienschatzes.

Der Legende nach begründet sich der Andechser Schatz auf die Reliquiensammlung des hünenhaften Grafen Rasso, der im 10. Jahrhundert eine Reise ins Heilige Land angetreten hatte und, mit Kostbarkeiten beladen, wieder heimgekehrt war. Nachdem ihr kleines Kloster auf der Amperinsel für den wertvollen Schatz nicht mehr sicher genug war, entschlossen sich die Benediktinermönche viele Jahre nach seinem Tod, die Reliquien nach Andechs hinaufzuschaffen, wo bereits 1080 eine befestigte Burg stand. 1132 waren die Andechser von ihrem Stammsitz auf dem Schatzberg bei Dießen hierher übergesiedelt.

Ach, es gäbe so viel zu erzählen über diesen Wallfahrtsort, dessen Anziehungskraft sich kaum einer entziehen kann. So wurde tatsächlich auch schon einiges über das Kloster Andechs zu Papier gebracht. Namentlich Abt Odilo Lechner von St. Bonifaz, dem Münchner Mutterhaus, und sein rühriger Prior Pater Anselm Bilgri schauen zu, dass Andechs nicht in Vergessenheit gerät. Das gute Bier tut sein Übriges, das Kloster über die Landesgrenzen hinaus bekannt zu machen.

Im Jahr 1209 versank die Andechser Burg in Schutt und Asche. Das ruhmreiche Geschlecht derer von Andechs-Meranien – nicht weniger als acht Heilige und dreizehn Selige, dazu noch eine Hand voll Kardinäle und Bischöfe sowie sechs Äbtissinnen und ein Abt entstammen der Familie – stürzte ins Unglück.

Mit dem Niedergang des Hauses Andechs-Meranien verschwand auch der kostbare Reliquienschatz der Andechser spurlos. Die Familie musste in einer Nacht- und Nebelaktion fliehen, nachdem der Sohn des Andechser

Grafen Berthold III., der Bamberger Bischof Ekbert, dem Mörder des Schwabenkönigs Pippin Unterschlupf gewährt hatte und daraufhin geächtet worden war. Nachdem die Kunde der Ächtung bis ins beschauliche Ammerseegebiet gedrungen war, blieb den Burgbewohnern nur mehr wenig Zeit, das Nötigste zusammenzupacken. Vermutlich dachte in all der Aufregung niemand an die wertvollen Kleinodien, die sorgfältig verpackt in Kisten und Kästen ruhten. Es galt, das eigene Leben zu retten; unnötiger Ballast konnte die Flucht nur behindern.

Bis heute hat sich jedoch hartnäckig das Gerücht um einen geheimen unterirdischen Gang gehalten, der ehedem die stolze Burg mit dem Schatzberg am südlichen Westufer des Ammersees verbunden haben soll. Vielleicht wurde der damals auch von der Familie benutzt, um den Feinden zu entkommen, und es ist möglich, dass ein großer Teil des Schatzes, der an die dreihundert Reliquien umfasste, dorthin mitgenommen wurde. Doch das ist reine Spekulation. Die Reliquien galten mit dem Tod des letzten Andechser Nachkömmlings 1248 offiziell als verschollen und erst sehr viel später tauchte 1388 ein Teil davon unter mysteriösen Umständen wieder auf.

Doch zunächst legte sich der Mantel des Vergessens über die alte Burg. Plünderer und Räuber machten das verlassene Gemäuer unsicher, in der Hoffnung, den legendären Schatz zu heben. Die dicken Mauern wurden zerstört. Der Zahn der Zeit nagte am Gestein und langsam gewann die Natur wieder Oberhand über den Burgberg. Einzig die Überreste der alten Burgkapelle lugten noch unter dem Dickicht hervor.

Zu jener Zeit lebte im nahe gelegenen Widdersberg – heute ein reizender Ort oberhalb des Pilsensees, der mit seinem gemütlichen Gasthaus zu einer längeren Rast einlädt – eine alte, blinde Frau. Eines Nachts sprach im Traum eine tiefe, wohl temperierte Stimme zu dem armen Weib und befahl ihr, nach Andechs zu pilgern. Dort oben, neben dem verfallenen Altar der seligen Jungfrau, würde ein wundersamer Wacholderbaum wachsen. Die Erde um den Wurzelstock des Baumes habe heilkräftige Wirkung, durch die sie ihr Augenlicht wieder erlangen könne.

Die alte Frau begab sich am folgenden Tag sofort auf den mühsamen Weg nach Andechs. Dort fand sie den Strauch und riss ihn mitsamt seinen Wurzeln aus. Dann bestrich sie ihre Augen mit der Erde und als sie ihre Lider hob, verschwand die Dunkelheit um sie herum und sie konnte wieder sehen. Die Kunde von der Wunderheilung verbreitete sich wie ein Lauffeuer durch das ganze Land und als Herzog Ludwig der Strenge davon hörte, ließ er die alte Wallfahrtskirche auf dem Berg wieder instand setzen. Erneut setzte ein reger Pilgerstrom nach Andechs ein.

Vom eigentlichen »Heiligen Berg« (mons sanctus) spricht man allerdings erst seit dem Jahr 1388. Ein kleines pelziges Nagetier wurde in jenem Jahr der Held einer jahrelang vergeblichen Schatzsuche.

Jakob Dachauer, Kaplan aus dem Benediktinerkloster Ebersberg, hielt an jenem geschichtsträchtigen Tag in der Andechser Wallfahrtskirche eine Messe ab, als er während der Feierlichkeiten plötzlich durch leises Scharren und Rascheln abgelenkt wurde. Eine vorwitzige Maus, mit zitternden Barthaaren und blanken Knopfaugen, saß da lässig und vollkommen ungerührt auf den Altarstufen, einen kleinen, vergilbten Fetzen Papier in den winzigen Klauen haltend. Beim näheren Hinsehen entpuppte sich der Pergamentstreifen als ein Zettel, mit dem man früher Reliquien versehen hatte, um sie unterscheiden zu können.

Die Aufregung war groß. Befanden sich unter den Altarstufen etwa die Reliquien des verschollenen heiligen Schatzes? Eiligst begann man mit den Grabungen am Fuße des Altars und schnell wurde eine eisenbeschlagene Kiste zutage gefördert. Ihr Inhalt: Die »Heiligen Drei Hostien« in einer Bleikapsel, das Brautkleid der heiligen Elisabeth, das Schweißtuch des Herrn, Zweige von der Dornenkrone, ein Span vom Kreuz Christi und das berühmte Siegeskreuz Karls des Großen.

Bei der Hebung des spektakulären Fundes waren die Wittelsbacher Herzöge Stephan III. und Friedrich persönlich zugegen; die beiden veranlassten, dass die Reliquien nach München in die Lorenzkapelle im Alten Hof überführt wurden. Zwanzig Jahre später, als die Andechser Wallfahrtskirche umfassend erneuert und vergrößert worden war, kam der Schatz zurück auf den Heiligen Berg – sehr zum Unwillen der Münchner. An die sechzigtausend Besucher waren jährlich zu den hochverehrten Reliquien in die St.-Lorenz-Kirche gepilgert. Ein reger Ablasshandel war entstanden und zur Versorgung der vielen Pilger entwickelte sich ein eigener Markt – laut Stadtchronisten war dieser Markt der Ursprung der heutigen Auer Dult.[9]

6

Ehemaliges Augustiner-
Chorherrenstift Baumburg

Landkreis Traunstein, Oberbayern

Einer kurzen, tragischen Liebesgeschichte verdankt das wunderschön gelegene Stift Baumburg sein Bestehen.

Bereits im Jahr 925 wurde Baumburg als »Poumburc« erstmals urkundlich erwähnt. Zu Beginn des 11. Jahrhunderts entstand auf der steil abfallenden Uferhöhe über dem Zusammenfluss der Traun und der Alz ein recht kurzlebiges Kloster, dessen Kirche 1023 geweiht wurde. Auf Betreiben der Gräfin Adelheid von Sulzbach stiftete ihr Gatte, Graf Berengar, um 1105 dann dort oben ein neues Kloster, ein Augustiner-Chorherrenstift.

1156 wurde das romanische Gotteshaus eingeweiht. Um 1640 begann man dann mit der Barockisierung der Kloster-anlage. 1754 wurde die Kirche im Rokokostil umgebaut.

Das Baumburger Klosterstüberl lockt mit kulinarischen Highlights und ist bis heute ein Geheimtipp. Hier ist eine nahe Verwandte des Starkochs Alfons Schuhbeck die Chefin des Hauses.

Das ehemalige Augustiner-Chorherrenstift liegt oberhalb der Ortschaft Altenmarkt. Sie erreichen Baumburg über die B 304 Richtung Traunreut und Trostberg.

www.klosterbaumburg.de

Die Gründungsgeschichte um dieses imposante Kloster, das, auf einem Bergrücken thronend, mit seinen beiden Kirchturmspitzen weit über das Land hinausblickt, ist sehr viel verworrener als oben dargestellt und vieles wird für immer im Dunkeln der Geschichtsschreibung verborgen bleiben. Die Stifterin, Gräfin Adelheid von Sulzbach, ist jedoch historisch belegt und mit ihr zieht ein Hauch von Romantik durch die staubtrockene Welt von Jahreszahlen und Dokumenten.

Doch bevor wir das Geheimnis der adeligen Dame erfahren, lockt das schöne Gotteshaus mit den lustig geformten Zwiebelhauben zu einer Besichtigung. Eine von Linden gesäumte Straße führt zur Kirche hinauf und belohnt wird man mit einer wunderbaren Aussicht weit ins nördliche Chiemgau hinein. Neben der heutigen Pfarrkirche St. Margaretha, der ehemaligen Stiftskirche, bezaubert ein kleiner, eingezäunter Bauerngarten, in dem im Spätsommer bunte Dahlien mit ihren schweren Köpfen nicken.

Beim Betreten der Kirchenvorhalle taucht man unvermittelt ein in die heitere und lichte Welt des Rokoko. Zartes Muschelwerk aus Stuck überzieht das hohe Gewölbe; feine Ornamente in Pastelltönen weisen auf die kundigen Hände der Wessobrunner Schule hin. Hier tanzt alles mit den schräg einfallenden Sonnenstrahlen um die Wette.

Leider trennt ein Absperrgitter den Besucher von all der Pracht, doch ein Blick auf die großen Deckengemälde des Prager Hofmalers und Asamschülers Felix Anton Scheffler ist dennoch leicht zu erhaschen. In bunten, prächtigen Farben erzählt der Künstler von der prachtvollen Beisetzung der Gräfin hier in der ehemaligen Stiftskirche. In die Kirchenwand eingelassen, links neben dem Eingang, kann man heute noch ein in Marmor geschlagenes Relief bewundern, auf dem Adelheid, züchtig, mit langem Kleid und Umhang, das Gesicht umrahmt von lockiger Haarpracht und feinem Tuch, abgebildet ist. In der Armbeuge hält sie ein Modell des Gotteshauses.

Vom Kunstgenuss hungrig geworden, ist es nur ein Katzensprung hinüber zum Klosterstüberl. Am Stammtisch diskutieren in die Jahre gekommene Hobbyradfahrer über die schönsten Touren ins nahe gelegene Österreich. In breitestem Bayerisch rollen die »R«s über den Tisch und werden mit der nächsten Halbe die stets feucht zu haltende Kehle hinuntergespült. Mit steigendem Bierkegel öffnen sich die Grenzen Bayerns und der Altenmarkter zeigt sich als kundiger Heidelbergbesucher oder weltgewandter Berlinkenner.

Die Klosterbrauerei besteht übrigens seit 1612. Ob die Mönche damals die gleiche Sprachgewandtheit an den Tag legten wie die nette Bedienung, die, wie es der Gast eben versteht, das Bier in Hochdeutsch oder im fließenden Dialekt an den Tisch bringt, ist nicht überliefert.

Gut gestärkt kann nun die Reise ins finstere Mittelalter beginnen. Doch im Grunde ist es dort gar nicht so düster, wie immer behauptet wird, betritt doch, einer Lichtgestalt gleich, Adelheid die Bildfläche. Das Aussehen der Gräfin ist nicht überliefert. Anhand eines stilisierten Steinreliefs aus dem 15. Jahrhundert kann man auf die wahre Gestalt kaum Rückschlüsse ziehen. Ob rot, ob blond, ob braun, wer kann das heute noch mit Sicherheit sagen? Doch in der von ihr überlieferten Legende, in der die Flammen der Liebe sehr hoch schlagen, kann man durchaus von einer gewissen Schönheit des weiblichen Parts ausgehen. Der Fantasie sind jedenfalls keine Grenzen gesetzt.

Adelheid, 1075 als Tochter des Edlen Kuno von Mögling geboren, lebte wohl behütet am Hofe ihrer Eltern. Ihr Haar war wild gelockt und sie verbarg es tagsüber unter einer züchtigen leinenen Haube; nur ab und zu lugte eine besonders vorwitzige Strähne an ihrer Schläfe hervor. Ihre Augen leuchteten tief und blau wie das Meer an einem heißen Sommertag. Sie war sicher eine kluge junge Frau von angenehmem Charakter und mit einem charmanten Lächeln über den ebenmäßigen Zähnen.

Bei all diesen Vorzügen müssen die Männer des Adels wohl Schlange gestanden sein. Sie aber entschied sich für den wesentlich älteren Edelmann Marquart von Hohenstein ob Staudach, kürzer: Marquart von Marquartstein. Bei den beiden schlug die Liebe gleichermaßen wie ein Blitz aus heiterem Himmel ein. Und nach anfänglichem Zögern stimmten Adelheids Eltern auch recht schnell in eine Vermählung ein, galt der Galan ihrer Tochter doch als reich und zuverlässig.

Ein paar Wochen nachdem Marquartstein um die Hand seiner Angebeteten angehalten hatte, feierte man ein rauschendes Hochzeitsfest. Eigentlich wäre den beiden von nun an ein schönes, gemeinsames Leben beschieden gewesen, wäre da nicht eine verschmähte Geliebte aus Marquarts Vergangenheit aufgetaucht, um alles Glück zunichte zu machen.

Adelheid und Marquart waren erst einige Monate miteinander verheiratet, als Marquart eines Tages allein auf die Jagd ging. Gemächlich ritt er durch das Unterholz, als er plötzlich hinter sich im Gestrüpp ein verdächtiges Knacken hörte. Das konnte kein Tier sein! Und da tauchten auch schon, wie von Zauberhand, ein paar Männer aus dem undurchdringlichen Grün auf, zerrten den verblüfften Marquart – im Auftrag des bösen Weibsstücks – vom Pferd und begannen mit Knüppeln und Fußtritten auf den hilflosen Mann am Boden einzuschlagen. Er hatte keine Chance, sich zu wehren.

Als Marquart abends nicht nach Hause kam, ließ seine Frau ihn in der Dunkelheit suchen. Die Knechte kamen mit einem aus vielen Wunden blutenden Herrn zurück, dessen Gesichtszüge nicht mehr zu erkennen waren. Behutsam trugen sie den Geschundenen in sein Schlafgemach. Mit kalter Hand umklammerte der Sterbende das Handgelenk seiner Gemahlin. Seine Stimme brach bereits, als er sie zur Alleinerbin einsetzte, mit der Verpflichtung, die Pläne seines Großvaters zur Neugründung eines Klosters weiter zu verfolgen. Adelheid versprach dies mit tränenerstickter Stimme; Marquart sank in seine Kissen zurück, sein Atem kam noch einmal rasselnd und unendlich mühsam, dann war er tot.

Nach einer angemessenen Trauerzeit heiratete Adelheid ein weiteres Mal. Über diese Ehe weiß man wenig, nur dass der Ehemann Graf Ulrich von Passau 1099 bei einem Turnier in Regensburg tödlich verwundet wurde und dass aus dieser Verbindung eine Tochter, Uta, hervorging.

Nun hatte auch Ulrich früh das Zeitliche gesegnet und die schöne Adelheid vermählte sich in dritter Ehe mit dem Grafen Berengar von Sulzbach, dem Gründer der Fürstpropstei Berchtesgaden. Das Gelöbnis, das sie ihrem ersten Mann am Sterbebett gegeben hatte, hatte sie längst vergessen. Erst als es nun 1153 für die Gräfin selbst ans Sterben ging, erinnerte sie sich, schon schwach und von Krankheit gezeichnet, an dieses Versprechen. Sie rief Berengar an ihr Bett und ließ ihn im Beisein von zwölf Edelleuten schwören, in Baumburg ein Kloster zu errichten. Erst dann hauchte sie ihr Leben aus. Zur Ruhe gekommen ist sie allerdings bis heute nicht; den ewigen Frieden fand sie nie.

Bis zur endgültigen Klostergründung gingen drei Jahre ins Land. Bis dahin lag der Leichnam Adelheids, gut einbalsamiert, aufgebahrt in einem dunklen Kellerraum. Nach der Fertigstellung des Klosters wurden ihre Gebeine in Baumburg zu Grabe getragen. In ein großes, graues Tuch gehüllt, geht ihr Geist heute noch auf dem Bergrücken um. Dabei schwebt sie, die Beine angezogen – also in der Hocke –, einige Meter über dem Boden.

7

Ehemalige Benediktinerabtei, Kloster der Salesianer Don Boscos, Benediktbeuern

Landkreis Bad Tölz-Wolfratshausen, Oberbayern

Bayerische Gemütlichkeit in klerikalem Ambiente erwartet den Besucher Benediktbeuerns, inklusive einer grandiosen Landschaft, die eine würdige Kulisse für eine außergewöhnliche Klosterlegende schafft.

Lantfrid, Eliland und Waldram, vermutlich enge Verwandte des sagenumwobenen Kaisers Karl des Großen, gründeten 740 auf Veranlassung des heiligen Bonifatius dieses erste Benediktinerkloster des bayerischen Voralpenlandes. Stürmische und glanzvolle Zeiten erlebte die Abtei auf ihrem Weg durch die Geschichte. Nach dem Dreißigjährigen Krieg und der verheerenden Pest von 1634 erhielten Klosterkirche und die angrenzenden Gebäudekomplexe ihr heutiges Gesicht. Einhundert Jahre lang arbeiteten Mönche, einheimische Handwerker und berühmte Künstler an der Anlage, die heute neben dem Kloster der Salesianer Don Boscos noch viele Jugendeinrichtungen beherbergt.

Besuchen Sie das Klosterbräustüberl doch einmal zum musikalischen Frühschoppen.

Regelmäßige Konzerte, von Jazz bis Klassik, finden zudem ganzjährig im Barocksaal des Klosters statt.

Das Kloster erreichen Sie über die A 95 München-Garmisch, Ausfahrt Penzberg/Iffeldorf. Von dort weiter auf der B 11 nach Benediktbeuern.

www.kloster-benediktbeuern.de

Genau so stellt sich der kulturbeflissene und unsere Heimat liebende Tourist Bayern vor, insbesondere das bayerische Alpenvorland: ein geschichtsträchtiges Gebäude, in dem Fall das Gotteshaus der ehemaligen Benediktinerabtei Benediktbeuern mit seinen beiden in den weiß-blauen Himmel ragenden Zwiebeltürmen; das Ganze umrahmt von schmucken Barockanbauten in cremigem Weiß und eingebettet in die liebliche Landschaft wie ein Hirschgrandl – ein zum Trachtenschmuck verarbeiteter Hirschzahn. Dahinter erhebt sich majestätisch die Benediktenwand.

Kein Geringerer als der uns wohl bekannte Herzog Tassilo III. soll übrigens einst bei der Klosterweihe in Benediktbeuern zugegen gewesen sein.

Bereits im 13. Jahrhundert brauten die Mönche in Benediktbeuern ihr eigenes Bier und betrieben schon früh nebenher eine Brauschänke. Heute lockt ein gemütlicher Biergarten erschöpfte Wanderer und Klosterbesucher unter seine schattigen Bäume. Kurz berockte Kellnerinnen haben längst die gestandene Bedienung im Dirndl verdrängt und voll ungläubigen Staunens schaut der Bierdurstige zu, wie seine Bestellung per online an die Schänke geht und sich binnen weniger Minuten in eine schaumgekrönte Maß verwandelt.

Die kostbarste Reliquie des Klosters, ein Armknochen des heiligen Benedikt von Nursia, genauer dessen rechte Speiche, wird in Benediktbeuern aufbewahrt. Im Jahr 800 schenkte Karl der Große diese Kostbarkeit den Mönchen des damaligen Klosters Buron, das dem heiligen Jacobus geweiht war. Durch diese großzügige Schenkung wurde das Kloster in *Benediktoburanum* umbenannt. Noch heute ist Benediktbeuern das bedeutendste Zentrum der Verehrung des heiligen Benedikt im gesamten deutschsprachigen Raum.

Eine zweite, nicht minder wertvolle Reliquie wird in einer kleinen Seitenkapelle der Kirche ausgestellt: Die Schädeldecke der heiligen Anastasia, gut verpackt in einer silbernen Büste. Am Kopfende eines kleinen gotischen Saales mit reich verzierter Holzdecke, gleich hinter dem Klosterladen, kann man zudem eine wunderschön geschnitzte Holzabbildung des Kopfes der heiligen Anastasia bewundern: Aus einer Glasvitrine blickt sie milde auf die vorbeiziehenden Besucher. Der Zahn der Zeit hat bizarre Muster in die harte Holzoberfläche geschliffen, was der Schönheit der Figur jedoch keinen Abbruch tut. Anastasia genießt heute noch eine besondere Verehrung bei Menschen, die unter Kopfschmerzen und Nervenkrankheiten leiden.

Das so genannte »Wunder vom Kochelsee« darf auf diesen Seiten natürlich nicht fehlen, gilt die heilige Anastasia doch als Schutzpatronin des Klosters Benediktbeuern und seines Umlandes. Die Märtyrerin starb übrigens um das Jahr 304 im Zuge der Christenverfolgungen unter Kaiser Diokletian. Die Arme wurde zuerst in einem leckgeschlagenen Boot aufs offene Meer hinausgetrieben. Als das Schiff nicht unterging, verbrannte man Anastasia bei lebendigem Leib auf dem Scheiterhaufen. Zur Schutzpatronin des Klosters und seiner Umgebung wurde die Heilige allerdings erst nach einer geschichtsträchtigen Begebenheit am 28. Januar 1704, als – am Vortag des Anastasiafestes – während des spanischen Erbfolgekrieges feindliche Truppen über die Berge stießen, um Benediktbeuern aus dem Hinterhalt zu überfallen. Der Kochelsee war dick mit Eis überzogen und die Männer schickten sich gerade an, dieses zu überqueren, als urplötzlich der Föhn – dieser warme Fallwind aus den Alpen – die gesamte winterliche Landschaft zum Schmelzen brachte. Der Kochelsee war nicht mehr passierbar und die Männer zogen unverrichteter Dinge wieder ab. Diese plötzliche Schneeschmelze schreibt man heute noch der heiligen Anastasia zu.

Die Entstehungsgeschichte um die ehemalige Benediktinerabtei ist nicht minder spannend als das eben geschilderte kleine Wunder um die Rettung des Klosters. Gute 960 Jahre bevor Anastasia die feindlichen Truppen in ihre Schranken verwies, beschlossen drei Brüder, im wilden Voralpenland mit einfachsten Werkzeugen und unter größten Anstrengungen Benediktbeuern zu errichten.

Lantfrid, Waldram und Eliland waren noch junge, gut aussehende, dabei aber tiefgläubige und gottesfürchtige Burschen, die immer wieder gemeinsam auf die Jagd gingen.

Einmal wollten sie in den unberührten Sümpfen und Wäldern nördlich der Alpen ihr Glück versuchen. So pirschten die Männer tagelang durch das Unterholz, erlegten so manchen kapitalen Mehr-Ender und lagen regungslos im Dickicht, um ihren tödlichen Pfeil im rechten Augenblick durch ein Fasanenherz zu jagen.

Eines Abends, nach einer anstrengenden Hatz, saßen sie müde um ihr Lagerfeuer – auf dem Spieß über den Flammen drehte sich langsam eine Rehkeule –, da kamen sie so ins Philosophieren, redeten über Gott und die Welt und wie gut sie es doch hier draußen hätten in der freien Natur, unter einem sternenübersäten Himmel. Und weil die drei fromm und dem Allmächtigen wohlgewogen waren, formte sich die Idee vom Bau eines Klosters. Jetzt und hier, genau an dieser Stelle, wo die Rehkeule nun blank genagt im Grase lag.

Gesagt, getan! Sie weckten ihre Knechte und Jagdgefährten, die sich schlaftrunken die Augen rieben und noch eine Weile benommen in die grau schimmernde Dämmerung starrten. Dann wurde kräftig in die Hände gespuckt und man begann mit der Arbeit. Es galt die schier undurchdringliche Wildnis zu roden und urbar zu machen. Wochenlang fällten die Männer Bäume, zogen riesige Wurzelstöcke aus der Erde und schlugen mit Messern, Beilen und Schwertern breite Schneisen in das Unterholz. Doch die ganze Schufterei lag unter keinem besonders glücklichen Stern. Immer wieder floss Blut. Mal hackte sich der eine ungeschickt die Axt ins Bein, mal fiel ein Baum nicht in die berechnete Richtung und verletzte stattdessen zwei Männer schwer am Kopf. Durchtrennte Fingerkuppen, tiefe Schnittwunden an Armen und Beinen und gebrochene Gliedmaßen: Die kleine Lichtung, die sie der Natur mühsam abgerungen hatten, glich einem blutgetränkten Krankenlager.

Da war guter Rat teuer. Menschenopfer, um den Bau eines Klosters zu Ehren Gottes voranzutreiben? Nein, das lag nicht im Sinne der Brüder. Erschöpft und nahezu mutlos begannen sie das Für und Wider ihres Vorhabens mit den Männern zu diskutieren. So hitzig führten sie ihre Debatte, dass zunächst keiner von ihnen die Schar weißer Tauben bemerkte, die emsig ein schweres Holzstück nach dem anderen in ihre Schnäbel nahmen und damit langsam über den Wipfeln der Bäume davontrudelten.

Doch plötzlich kehrte Stille auf dem Waldboden ein. Mit offenen Mündern starrten die Menschen nach oben, rempelten sich gegenseitig an und wiesen staunend in den Himmel. Lantfrid war der Erste, der seine Sprache wieder fand: » Vielleicht gefällt Unserem Herrn im Himmel dieser Platz nicht und mit den vielen Verletzungen wollte er uns ein Zeichen geben«, vermutete er. »Lasst uns den Tauben folgen!« Nicht weit von der ursprünglichen Stelle fanden sie dann auch die Holzscheite, fein säuberlich zu einem Kreuz ausgelegt, auf einer friedlichen, von Tannen umgebenen Lichtung.

Ein paar Jahre später erstrahlte dort das neue Gotteshaus in seiner ganzen Pracht, ohne dass während der Bauarbeiten auch nur ein Tropfen Blut geflossen war. Eliland, Waldram und Lantfrid waren während der Entstehung Benediktbeuerns auf den Geschmack gekommen und gründeten gleich noch drei weitere Klöster, darunter das Kloster Schäftlarn bei München.

8

Ehemalige Fürstpropstei der Augustiner-Chorherren Berchtesgaden

Landkreis Berchtesgadener Land, Oberbayern

Verirren Sie sich mit einem waschechten Adeligen in den unwegsamen Bergen rund um Berchtesgaden und kehren Sie mit ihm wohlbehalten wieder in die zivilisierte Welt zurück.

Um 1108 gründeten die beiden Brüder Berengar und Chuno von Sulzbach das Kloster Berchtesgaden, das 1810 – nach der Aufhebung der Fürstpropstei 1803 – Sommerschloss der Wittelsbacher wurde. Vermutlich wurde 1122 ein erstes Gotteshaus geweiht, doch das ist historisch nicht belegt. In der zweiten Hälfte des 12. Jahrhunderts entstand dann eine dreischiffige romanische Pfeilerbasilika. Die heutige Stiftskirche ist weitgehend von der Gotik geprägt.

In Berchtesgaden können Sie viel Zeit verbringen, nicht von ungefähr boomt hier der Tourismus. Im Ort selbst steht natürlich die Besichtigung des Schlosses ganz oben auf der Liste. Im Zuge eines Besuches der alten Wittelsbacher, können Sie den romanischen Kreuzgang des ehemaligen Chorherrenstifts bewundern.

Aber auch ein Ausflug zum nahe gelegenen Königsee oder ein Besuch des Nationalparks lohnen sich.

Zu erreichen ist Berchtesgaden über die A 8 München-Salzburg. Sie nehmen die Ausfahrt Piding und fahren weiter auf der B 20 über Bad Reichenhall und Bischofswiesen.

www.berchtesgaden.de

Eine steile, in Serpentinen gewundene Straße schlängelt sich hinauf durch die romantische Bergwelt des Berchtesgadener Landes. Mal erhebt sich rechter Hand eine steile Felswand, mal gluckert links neben der Fahrbahn ein emsiger Gebirgsbach milchig blau in seinem steinernen Bett. Beeindruckend und idyllisch präsentieren sich die Gipfel und Wälder der Alpen.

Berchtesgaden selbst ist fest in der Hand Erholungssuchender. Die historische Altstadt bietet aber auch besonders viele schöne Motive zum Bewundern und Bestaunen. Es lässt sich gut flanieren durch die malerischen Gassen und über die Straßen des Ortes, der geschützt im Schatten des berühmten Watzmann liegt. Hier und da blinkt zudem eine stattliche Villa oberhalb des Ortes durch das lichte Laubgewirr und erinnert an feudale Zeiten und an die Sommerfrischler der Jahrhundertwende, die hier einst residierten. Setzt man sich nach einem Rundgang dann hinter der ehemaligen Stiftskirche St. Peter und Johannes der Täufer auf eine Bank, strahlt Berchtesgaden erholsame Ruhe und Besinnlichkeit aus.

Erstaunlich klein offenbart sich das Kirchenschiff beim Betreten der Stiftskirche. Achten Sie auf den Opferstock mit dem besonders hübsch bemalten Emailleschild, das einen Heiligen darstellt. Links an der Wand, über brennenden Opferkerzen, blickt eine wunderschöne, pausbäckig-barocke Madonna mit verklärten Augen auf die Besucher nieder; und gleich neben dem romanischen Eingangsportal schläft der Propst Petrus von Pienzenauer seit 1432 den ewigen Schlaf auf seinem roten Marmorkissen.

In dem dämmrigen Gotteshaus herrscht ein ständiges Kommen und Gehen. Alle paar Minuten fällt die Kirchentüre laut ins Schloss und das Knipsen und Surren der Foto- und Videokameras lässt einen buchstäblich nicht zur Besinnung kommen. Wie das der Pienzenauer Petrus nur aushält?

Auf der Rückfahrt entschädigt der famose Blick auf die »schlafende Hexe« für das quirlige Berchtesgaden. Entspannt liegt sie auf dem Rücken, den felsigen Mund geöffnet – fast meint man ein Schnarchen zu vernehmen –, die Brust aufreizend in die Höhe gestreckt. Ein sagenumwobener Berg eben, der schon seit Urzeiten die Fantasie der Menschen hier anregt.

Bewaldetes Gelände, bergig und von tiefen Schluchten durchzogen, beherrschte vor langer Zeit den Talkessel des heutigen Berchtesgaden. Umgeben von wilden, unberührten Bergen, war dies zwar ein schöner Ort, er barg jedoch auch viele Gefahren, war unwegsam und tückisch. Der Watzmann erhob sich damals schon majestätisch in den Himmel und bot mit seinen Kindern eine natürliche, schneebedeckte Kulisse. All diese Unberechenbarkeiten hatte Hallgraf Engelbert II. von Lintberg sicher bedacht, als er sich eines Tages von seiner Gemahlin Irmingard verabschiedete, um in genau jener Gegend mit ein paar Gefährten auf die Jagd zu gehen.

Die Herren waren bereits seit Stunden auf der Pirsch, als unser Graf plötzlich einem kapitalen Hirsch Auge in Auge gegenüberstand. Alle Vorsicht vergessend, setzte sich Engelbert von der übrigen Gesellschaft ab und folgte dem behände davonspringenden Tier. Immer tiefer in das Dickicht hinein kämpfte sich der Edelmann, den Speer in der Hand dem Hirsch folgend. Der Schweiß lief ihm in Strömen über Gesicht und Rücken und biss in seinen Augen, sodass er kaum etwas sehen konnte. Irgendwann verlor er die Spur des Wildes und fand sich mutterseelenallein in den undurchdringlichen Wäldern des Gebirges wieder. Er hatte sich hoffnungslos verirrt und jegliche Orientierung verloren.

Erst jetzt bemerkte er, dass die Dämmerung bereits in raschem Tempo hereinbrach und die rabenschwarze Nacht schon auf der Lauer lag. Panik und tiefe Furcht ergriffen den einsamen Jäger; er wusste nicht, was zu tun war. Sich niederzulegen in einer derart gefährlichen Gegend konnte den sichern Tod bedeuten! Bären, Wölfe und Füchse strichen nachts auf Beutezug durch das Unterholz und er war ihnen in der Dunkelheit schutzlos ausgeliefert.

Engelbert fiel auf die Knie. Abgestorbene Äste und Tannennadeln bohrten sich ihm ins Fleisch, als er mit verzweifelter Stimme seinen Herrn im Himmel anrief und ein Gelübde ablegte: Sollte er gefunden werden, würde er in dieser Wildnis eine Kapelle errichten lassen. Nun, der Allmächtige ließ erst einmal auf sich warten. Aber dann, nach einer durchwachten Nacht und einem weiteren angsterfüllten Tag, als der Hallgraf schon nicht mehr an seine Rettung glaubte, fanden ihn seine Leute, entkräftet und vollkommen erschöpft.

Irmingard, glücklich darüber, ihren Gatten wieder n die Arme schließen zu können, ließ 1087 eine dem heiligen Martin geweihte kleine Kapelle an jener Stelle errichten, wo Engelbert gefunden worden war. Eine Hand voll Mönche lebte nur kurze Zeit in dieser Einsiedelei. Die Gegend war so unwegsam und gefährlich, dass sie den Ort wieder verlassen mussten. Die Kapelle, die den Jahreszeiten schutzlos ausgeliefert war, verfiel.

Der frommen Irmingard aber ließ das Gelöbnis ihres Mannes keine Ruhe mehr. Sie wollte sichergehen, dass es noch vor ihrem Tod erfüllt werden würde. Im Jahr 1109 machte sich ein Ordensmann namens Eberwein in ihrem Auftrag auf die Suche nach einer geeigneten Stelle für das Gotteshaus. Tagelang prüfte er mit seinen Gefährten die Wälder und Täler im Schatten des Watzmanns. Um sich besser orientieren zu können, stieg Eberwein sogar auf den Untersberg; und von dort oben fällte er dann auch seine endgültige Entscheidung. Gemeinsam mit seinen Glaubensgenossen errichtete er eine kleine Klosterkirche und ein Augustiner-Chorherrenstift und gründete so auch noch nebenbei den Ort Berchtesgaden.

9

Augustiner-Chorherrenstift
Neustift bei Brixen

Provinz Bozen, Südtirol

*Die zuweilen recht schmutzigen Gassenhauer des
mittelalterlichen Barden und Literaten Oswald von
Wolkenstein sind längst verklungen, doch sein
Geist ist heute noch, inmitten der rauen Südtiroler
Landschaft nahe der Dolomiten, spürbar.*

1142 gründete Bischof Hartmann von Brixen Neustift. Nach
einem Brand wurde das Kloster Ende des 12. Jahrhunderts im
romanischen Stil neu errichtet. Im 18. Jahrhundert begann man
mit der Barockisierung des gesamten Komplexes. So ist heute
zum Beispiel von der ursprünglich dreischiffigen romanischen
Pfeilerbasilika kaum mehr etwas zu erkennen.

Im großen Stiftshof stolpern Sie fast über den so genannten Wunderbrunnen, der mit einer Darstellung der sieben Welt-
wunder aufwartet. Das achte Bild zeigt das Kloster Neustift.

In der Stiftskellerei wird der erste Wein, der südlich des Bren-
ners wächst, verkauft. Sie können hier auch verkosten.

Um zum Kloster Neustift zu gelangen, überqueren Sie
den Brenner Richtung Italien. Auf der A 22 fahren Sie weiter
bis zur Ausfahrt Brixen. Auf der B 12 geht es weiter bis
Neustift in der Ortschaft Vahrn (ausgeschildert).

www.kloster-neustift.it

Neustift liegt am Lauf der gletschergrünen Eisack, umrahmt von Bergen, die sich später weit hinten im Pustertal hoch auftürmen werden, um gemeinsam die sagenumwobene Welt der Dolomiten zu bilden.

Bis in unsere Zeit hinein beeindruckt das Chorherrenstift jeden Besucher, der ein paar Kilometer nördlich von Brixen die kleine Abzweigung nimmt, um, umgeben von Weinhängen, in längst vergangene Zeiten einzutauchen. Nach seiner Gründung hatte sich das Stift einst rasch entfaltet und bald stand es bei Land und Volk in hohem Ansehen. Dazu hatte mit Sicherheit auch die äußerst günstige Lage des Klosters, genau im Treffpunkt zweier wichtiger Verkehrs- und Pilgerwege nördlich des Brixener Talkessels, beigetragen.

Heute herrscht vor allem an den Wochenenden lautes Stimmengewirr in den Höfen. Italienische Sprachfetzen mischen sich mit den kehligen Lauten der Südtiroler. Aus Deutschland kommen zumeist ältere Herrschaften mit saloppen Herrenhandtaschen und zementierten Löckchenfrisuren, aber auch sportlich aktive Kleinfamilien, deren Kinder viel lieber ans Meer gefahren wären, finden den Weg hierher.

Der moderne Kunst- und Kulturinteressierte kommt in Neustift voll auf seine Kosten, auch wenn der romanische Glockenturm der Stiftskirche Unserer Lieben Frau im Grunde zu viel verspricht: Im Inneren des Gotteshauses erwartet uns einmal mehr süddeutscher Barock – keine romanische Schlichtheit. Die Fresken von Matthäus Günther leuchten in gewohnter Farbenpracht und verleiten die Besucher dazu, sich in stiller Bewunderung die Hälse zu verrenken.

Aber dann gibt es da noch diese kleine, hölzerne Seitentüre im hinteren Teil des Kirchenschiffs. Und plötzlich fällt all die Fülle und Üppigkeit des 18. Jahrhunderts von einem ab. Man betritt den romanischen Kreuzgang, und mit ihm eine neue, alte Welt. Fresken aus dem 14. und 15. Jahrhundert zieren das alte Gewölbe; unglaublich klares Preußischblau konkurriert mit rauchigem Rot; eine zarte, sandige Farbpalette rundet das Gesamtbild ab. Jetzt lohnt es sich umso mehr, sich den Hals zu verrenken, denn jeder neue Blickwinkel bringt außergewöhnliche und aufregende Details ans Licht.

Zuletzt werfen wir noch einen Blick auf die gesamte, weitläufige Anlage: Nach ein paar kurzen, keuchenden Minuten die Weinhänge hinauf liegt das Kloster Neustift im funkelnden Sonnenlicht, wie rein gewaschen nach einem nächtlichen Gewitter. Auch das Dach des Wolkenstein-Hauses ist von hier oben gut auszumachen. Steil und schiefergrau erhebt es sich ganz hinten über einem alten, zweistöckigen Gemäuer. 1411 zog Oswald von Wolkenstein in Neustift ein, und noch heute sind seine ehemaligen Räume bewohnt. 1418 verließ der alte Haudegen das Stift bereits wieder. Er hatte geheiratet und eine Frau hatte hinter den dicken Mauern eines Männerklosters nichts verloren.

Nach seinem Tod, am 2. August 1445, kehrte Wolkenstein nach Neustift zurück; seine sterblichen Überreste liegen hier begraben. Einer Sage nach singt er heute noch seine Balladen hoch oben auf den Almen der umliegenden Berge. Dabei trägt er eine silbern glänzende Rüstung. Es heißt, dass er so lange seine Lieder schmettern wird, bis das schroffe Felsengebirge mit dem schönen Namen *Rosengarten* bei Sonnenuntergang wieder zu blühen beginnt.

Als Oswald noch ein kleiner Bub war, hatte seine Mutter eine Vision, auf die in der Überlieferung nicht näher eingegangen wird. Wir wissen also nicht, wer oder was ihr damals erschienen ist, aber den Inhalt kennen wir sehr wohl: Der besorgten Mutter wurde von übersinnlicher Stelle aus mitgeteilt, dass ihr Sohn einmal ein großer Sänger und Poet werden würde, falls er das Harfenspiel erlerne. Dieses Talent wäre allerdings vom Schicksal überschattet und für Oswald gäbe es fürderhin keinen Frieden und kein Glück mehr.

Die Mutter verging verständlicherweise fast vor Sorge um ihren geliebten Sohn und beschloss, das vermeintliche Schicksal selbst in die Hand zu nehmen: Den Jungen mit einem Tuch auf den Rücken gebunden, schleppte sie ihr Kind ins Gebirge hinauf. Dort oben gab es einen Ort, wo wilde Frauen lebten, deren Zauberkräfte gefürchtet, aber auch geschätzt waren. Eine dieser Frauen verzauberte die Hände des kleinen Oswald. Sie wurden stark und kräftig für Schwert und Lanze, und so grob, dass sie später kein Instrument spielen konnten.

Oswald wuchs heran und entwickelte eine frühe Leidenschaft für die Musik. Doch jedes Mal, wenn er eine Fiedel oder eine Harfe zur Hand nahm, um darauf das

Spielen zu erlernen, zerfetzten seine großen Pranken die zarten Saiten; so kam er zu seinem Spitznamen Eisenhand. Eisenhand wurde ein fähiger Krieger, ein geschickter Jäger und ein starker Held. Dass er es mit der Gerechtigkeit nicht immer so genau nahm, ist eine andere Geschichte. Die Musik ging ihm jedoch nie aus dem Kopf; er schrieb ellenlange Balladen und romantische Lieder. Später auch richtig derbe Gassenhauer.

Eines Tages wanderte er hinauf ins Gebirge, südlich der Seiser Alm, ins Molignon-Massiv. Auf einer großen Bergwiese machte er Rast, streckte sich lang in der Sonne aus und gab sich seinen Tagträumen hin. Da hörte er plötzlich leisen, betörenden Gesang und das engelsgleiche Spiel einer Harfe. Eine zarte Elfe in einem fließenden, silbergrauen Gewand saß im Gras, keine Armeslänge von Oswald entfernt, und Sonnenstrahlen tanzten auf der kleinen Harfe, an der sie geschickt zupfte.

Sechs Tage hintereinander stieg Oswald ins Gebirge hinauf, um der Musik der Elfensängerin zu lauschen. Die beiden wechselten in der Zeit kein Wort miteinander. Am siebten Tag sprach ihn die Elfe an und Oswald erzählte ihr von seiner Sehnsucht, zartgliedrige Finger zu haben, um das Harfenspiel erlernen zu können. Die Elfe wusste natürlich schon längst von dem Zauber, der Oswalds Hände verhext hatte, und erklärte dem armen Jungen, dass dieser unangenehme Zauber nur durch ein großes Leid gebrochen werden könne.

Oswald, jung und heißblütig wie er war, hatte sich längst rettungslos in die schöne, namenlose Elfe verliebt. In seiner Not vertraute er sich seiner Mutter an. Die ahnte nichts Gutes. Als Oswald ihr erzählte, dass die Elfe ihren Namen nicht preisgeben wollte, da sie ihn sonst nie mehr wieder sehen könnte, läuteten bei Mutter Wolkenstein alle Alarmglocken. Sie warnte ihren Sohn eindringlich vor einer Beziehung zwischen Mensch und Berggeist und flehte ihn auf Knien an, die unbekannte Schöne zu vergessen.

Es vergingen Monate. Oswald streifte durch die Bergwelt; seine Liebesqualen trieben ihn durch dunkle Wälder und in schwindelige Höhen. Eines Abends, die Dämmerung kroch schon zwischen den Tannen hervor, sah Oswald einen flackernden Lichtschein zwischen den Bäumen schimmern. Leise schlich er näher und erkannte eine Schar Bergmenschen und Geister an einem Lagerfeuer sitzen. Die unheimlichen Gesellen unterhielten sich über Oswald und seine Mutter, die ihrer Meinung nach durchaus Recht damit gehabt hatte, ihrem Sohn die Hände verzaubern zu lassen. Und dann fiel auch der Name der Elfe: Antermòya; und Oswald wäre fast vor Schreck und Glück gleichzeitig vornübergekippt.

Ein paar Tage später traf Oswald seine Angebetete auf der Bergwiese wieder. Was folgte, war eine Tragödie, denn im Liebestaumel entfuhr Oswald Antermòyas Name. Damit war das Schicksal der beiden besiegelt. Unter Tränen sagte Antermòya ihrem Oswald Lebewohl, drückte ihm ihre Harfe in die Hand und entfernte sich langsam und heftig schluchzend. Als sie die Mitte der Blumenwiese erreicht hatte, begann sie süßer und betörender denn je zu singen; dann brach plötzlich der Boden unter ihren Füßen auf, schwarzes Wasser quoll hervor und die Elfe versank. Zurück blieb ein spiegelglatter Bergsee, der Lago Antermoia. Drei Tage lang wanderte Oswald daraufhin trauernd und klagend um den See, dann nahm er die Harfe auf und begann zu spielen. Der Zauber war gebrochen!

Oswald von Wolkenstein wurde ein berühmter »Liedermacher« und wird heute in einem Atemzug mit Walther von der Vogelweide genannt. Er führte ein wildes und unstetes Leben, fügte Menschen oft Leid zu und scheute nicht vor Gewalttaten zurück. Die Weissagung erfüllte sich: Er zog ruhelos in der Weltgeschichte herum und fand weder beständiges Glück noch Frieden.

10

Benediktinerinnenabtei St. Walburg, Eichstätt

Landkreis Eichstätt, Oberbayern

Ein heilkräftiges Öl fließt seit Jahrhunderten aus den sterblichen Überresten einer fast vergessenen Heiligen. In Eichstätt gibt es noch wahre Wunder zu entdecken.

1035 stiftete Graf Leodegar, ein Eichstätter Domherr, dieses Benediktinerinnenkloster über der im 9. Jahrhundert angelegten Grablege der heiligen Walburga. Den Kern der Gruftkapelle, in der die Gebeine der Heiligen heute ruhen, bildet eine mittelalterliche Grabanlage aus der Mitte des 15. Jahrhunderts. Im Zuge des Dreißigjährigen Krieges wurde das Kloster zerstört; die frühbarocke Kirche blieb weitgehend erhalten. Im 17. und 18. Jahrhundert gestaltete man die weitläufige Klosteranlage um.

Das Walpurgisöl können Sie sich kostenlos – gut verkorkt, in kleine Fläschchen abgefüllt – bei den freundlichen Nonnen an der Klosterpforte abholen.

Verknüpfen Sie Ihren Ausflug nach Eichstätt mit einem Besuch der legendären Willibaldsburg.

Eichstätt liegt im schönen Altmühltal. Zu erreichen über die A 9 München-Nürnberg, Ausfahrt Ingolstadt/Eichstätt. Weiter auf der B 13 nach Eichstätt.

www.bistum-eichstaett.de

Wüsste man nicht von den vielen beeindruckenden historischen Stadtkernen in Bayern – oder sonst wo auf der Welt –, man würde heutzutage glatt an diesen Kleinodien der Geschichte vorbeifahren. Eichstätt, an der schönen

Altmühl gelegen, ist so ein Beispiel dafür: Über breite Zubringerstraßen, durch Gewerbegebiet und vorbei an Einkaufszentren führt der Weg in diese viel gerühmte Stadt. Grüßte da nicht schon von weitem der mächtige Bau der Willibaldsburg den Herannahenden, spitzten nicht die Türme des Doms über den Fluss zu einem herüber, könnte man zu dem Schluss kommen, Eichstätt sei keinen Besuch wert – weit gefehlt! Die Winkel und Gassen der Altstadt, die historischen Gebäude, Kirchen und Bürgerhäuser verbreiten den Zauber einer längst vergangenen Zeit, der den Besucher in seinen Bann zieht und ihn verzückt staunen lässt.

Die Pfarr- und Klosterkirche St. Walburg mit den Gebeinen der heiligen Walburga ist im Stadtbild Eichstätts leicht auszumachen. Der Kirchturm trägt eine eigentümliche, leicht platt gedrückte grüne Kugel, gekrönt von einer goldenen Walburgastatue.

Im Inneren des Gotteshauses zeigt sich Walburga ganz in Schwarz gekleidet auf einem Gemälde über dem Altar. Das verklärte Gesicht ist dem Lamm Gottes zugewandt. Ihr zu Füßen öffnet sich das Grab mitsamt dem Schrein, der die Gebeine der Heiligen enthält, und dem Schacht, in den das heilige Walpurgisöl fließt.

Betritt man dann die Grabkapelle vom Klosterhof aus, empfängt ein zweigeschossiger Raum den ehrfürchtigen Besucher. Die Rückseite des Hochaltars, an den sich die Kapelle direkt anschließt, zieren unzählige Votivtafeln, die bis zur Decke hinaufreichen. Liebevoll gestickte und gemalte Danksagungen, gekonnt oder unbeholfen ausgeführt, hängen dicht an dicht; menschliche Gliedmaßen und Alltagsgegenstände im Miniformat – aus Silberblech oder in Wachs gegossen – belagern verglaste Holzkästen.

Im unteren Raum, der eigentlichen Gruft, ruhen hinter reich verzierten, zweiflügeligen Türchen die Gebeine der Heiligen in einem steinernen Sarkophag. Alljährlich, Mitte Oktober, bilden sich am Boden dieses Sarkophags erste klare Tropfen und damit setzt ein Wunder ein, für das Eichstätt weit über seine Stadtgrenzen hinaus berühmt ist: der so genannte Ölfluss.

In dem großen roten Buch, das für die Besucher neben dem Grab ausliegt, zeugen bewegende Gebete und Bitten, Hilferufe und Danksagungen von dem großen Vertrauen, das Walburga heute noch entgegengebracht wird. Da steht in krakeliger Kinderschrift: »Bitte mach, dass unsere Kuh kein BSE hat!« Oder eine besorgte Mutter wünscht sich für ihren Sohn eine christliche Ehefrau. Menschen bitten um Genesung oder den rechten Glauben. Zuständig ist die Heilige aber eigentlich für ganz andere Dinge: Sie ist unter anderem die Patronin der Wöchnerinnen und Bauern und zudem die Ansprechpartnerin bei Hundebissen und Tollwut. Auch Augenleiden und Husten fallen in ihren Zuständigkeitsbereich.

Um den 25. Februar, Walburgas Todestag, versiegt der rätselhafte Ölfluss wieder. Wissenschaftliche Untersuchungen haben längst den Mythos um das kostbare Nass entzaubert. Um stinknormales Wasser soll es sich in Eichstätt handeln. Das mag vielleicht stimmen, doch einen kleinen Rest vom Glauben an uralte magische Kräfte und göttliche Wunder sollten wir dennoch in unseren Herzen bewahren.

Die Ordensschwestern aus Eichstätt glauben jedenfalls fest daran, denn das heilkräftige Öl wird einer Sage nach nicht nur beim Menschen angewendet, sondern kann auch das Kloster der Benediktinerinnen vor großem Unheil bewahren. Hinter den Mauern des Klosters erhebt sich ein weit vorspringender Fels, der eine hohe, breite Wand bildet. »In einer Höhe von ungefähr dreißig Schuhen ...«[10] zeigt sich ein langer Riss im Gestein, durch den sich im Frühling, während der Schneeschmelze, gewaltige Wassermassen zwängen. Dieser Wasserfall, Ordelbach genannt, stürzt mit lautem Getöse in die Tiefe und verschwindet dann in einem Kanal unter dem Kloster, der später in die Altmühl mündet. Einer Überlieferung nach geht heute noch die Angst um, dass der Ordelbach einmal den Riss sprengen könnte, um dann die Stadt und das Kloster unter vernichtenden Fluten zu begraben. Diese schreckliche Katastrophe kann nur von den Nonnen des Klosters St. Walburg verzögert oder gar verhindert werden, indem die Klosterfrauen an einem bestimmten Tag einmal im Jahr heiliges Öl in die Öffnung der Felswand gießen.[11]

Walburga, ehedem Äbtissin im benediktinischen Doppelkloster zu Heidenheim, kam erst lange nach ihrem Tod, im Jahr 779, in die ehrwürdige Bischofsstadt Eichstätt. Es heißt, dass ihre Gebeine in der Nacht vom 30. April zum 1. Mai, irgendwann zwischen 870 und 879, nach Eichstätt überführt wurden. Fälschlicherweise wird die Heilige deswegen mit der Walpurgisnacht in Verbindung gebracht.

Schon zu Lebzeiten brachte es die fromme Ordensfrau zu einer stattlichen Anzahl von Wundern. So wies sie einmal in ihrem Heidenheimer Kloster den griesgrämigen Messner Gomerandus (Goumerad) mit Gottes Hilfe in seine Schranken: Als Walburga eines Abends, nach verrichtetem Nachtgebet, von der Kirche in den Speisesaal gehen wollte, bat sie den alten Sauertopf um ein Licht. Es herrschte stockdunkle Finsternis und die Äbtissin konnte die Hand vor Augen nicht erkennen. Gomerandus verweigerte Walburga allerdings mit unflätigen Worten das Gewünschte, drehte ihr den Rücken zu und hinkte davon.

Die verdutzte Nonne schickte ihre Mitschwestern zum Nachtessen in das rabenschwarze Refektorium. Sie selbst aber begab sich tapsend in ihre Zelle; dort sank sie auf die Knie und betete die ganze Nacht inbrünstig zu Gott. Mit einem Mal zuckte ein greller Blitz durch das Kloster und eine überirdische Helle ließ den Speisesaal aufleuchten, sodass jeder Winkel des Gebäudes noch von Licht durchtränkt wurde. Als der Tag gemächlich heraufdämmerte, erlosch dieses Licht langsam wieder.

Richtig gruselig wurde es erst nach dem Tod Walburgas, denn von jenem Zeitpunkt an wurde der Geist der Heiligen in den entlegensten Regionen gesichtet, immer verfolgt von wilden Reiterhorden, die sie der Hexerei beschuldigten.

So ging einst im tiefen Böhmerwald ein Bauer spät in der Nacht allein seines Weges. Zu solch einer unchristlichen Stunde einen Spaziergang durch den Wald zu machen war sehr gefährlich, lauerten doch Wegelagerer und Vagabunden damals zuhauf im dichten Gebüsch. Der einsame Wanderer erschrak auch bis ins Mark, als plötzlich eine ganz in Weiß gekleidete Frau vor ihm stand; scheinbar aus dem

Nichts war sie lautlos zwischen den rabenschwarzen Stämmen ein paar alter Eichen hervorgetreten und schaute nun aus großen glänzenden Augen zu ihm auf.

Auf ihrem hübschen Kopf trug die Schöne eine prächtige Krone, unter der langes wallendes Haar hervorquoll. In den Händen hielt die Fremde eine Spindel und einen dreieckigen Spiegel. Sie stand zwar nicht auf den sprichwörtlichen Kohlen, auf denen man ja bekanntlich eher sitzt als steht, obgleich es in Anbetracht der berittenen Meute, die da mit donnerndem Hufschlag hinter ihr auftauchte, kein Wunder gewesen wäre, doch ihre zarten Füßchen steckten tatsächlich in »feurigen Schuhen«. So erzählt die Überlieferung.

Der Bauer sah hinter dem Rücken der Frau den Trupp Reiter auf weißen, schäumenden Rössern auf sich zupreschen und warf sich blitzschnell auf die Erde. Keine Sekunde zu früh, dann hüllte ihn der aufwirbelnde Staub ein; sein Mund, seine Nase und seine Ohren füllten sich mit Dreck und Lehmklumpen und der höllische Lärm von trampelnden Hufen, zischenden Peitschen und lautem Geschrei zerriss ihm fast das Trommelfell.

Als sich nach einer Weile wieder Stille über den nächtlichen Wald gesenkt hatte, hob er verdutzt und noch immer zitternd das Gesicht vom Boden, fiel jedoch gleich zurück auf die Knie und dankte Gott, dass er noch am Leben war. Schlagartig wurde ihm klar, wer ihm da im dunklen Wald erschienen war: die heilige Walpurgis, mitsamt ihren unbarmherzigen Verfolgern. Inständig hoffte er, dass der armen Heiligen nichts zugestoßen war, dann stand er auf, klopfte sich den Staub von der Hose und machte sich schleunigst auf den Weg nach Hause.

11

Benediktinerabtei Ettal

Landkreis Garmisch-Partenkirchen,
Oberbayern

*Liegt der Heilige Gral vielleicht im tiefsten Bayern
verborgen? In Ettal trafen sich einst waschechte Ritter
zur trauten Tafelrunde.*

Im Jahr 1330 stiftete Kaiser Ludwig IV. der Bayer das Kloster
Ettal. Zwischen den Jahren 1330 und 1370 wurde auf zwölf-
eckigem Grundriss eine hochgotische Kirche errichtet. Bereits
im 14. Jahrhundert hob man das Stift wieder auf. Im 15. Jahrhundert wurde Ettal dann Sitz einer Ritterakademie. Nach
einem verheerenden Klosterbrand 1744, der Kirche und Anlage komplett zerstörte, ging der berühmte Baumeister Joseph
Schmuzer daran, dem gesamten Komplex sein heutiges Aussehen zu geben.

Ein Besuch des nahe gelegenen Schlosses Linderhof, das
König Ludwig II. in der Einsamkeit der Bergwelt errichten ließ,
bietet sich geradezu an.

Wer mit Kindern unterwegs ist, dem sei ein Besuch des 26 km
entfernten Freilichtmuseums Glentleiten empfohlen.

Ettal liegt spektakulär inmitten eines wunderschönen
Bergkessels. Sie erreichen es über die A 95 München-Garmisch.
Am Autobahnende weiter auf der B 2 nach Oberau. Dort
biegen Sie rechts nach Ettal ab (ausgeschildert).

www.kloster-ettal.de

Es ist schwer, heute noch etwas von der Spiritualität des Klosters Ettal zu erahnen, zwischen all den Andenkenläden und Busladungen von Menschen, zwischen Kitsch und Kommerz, echten Wallfahrern und gelangweilten Touristen. Und auch die Mönche scheinen mitunter ihren Gleichmut zu verlieren und werden bei den ewig gleichen Fragen in unterschiedlichen Sprachen schon mal unwirsch.

Zweifellos atemberaubend liegt Ettal hoch oben an der alten Passstraße von Augsburg nach Mittenwald, umgeben von schroffen Bergen, unweit eines der beliebtesten Ausflugsziele Bayerns, dem Schloss Linderhof. Ettal wurde ursprünglich von Ludwig dem Bayern als Ritterstift gegründet. Der Gedanke an König Artus' Tafelrunde samt Heiligem Gral liegt nahe.

Zwölf Ritter und deren Ehefrauen lebten in dem Gebirgstal unter der führenden Hand eines Meisters und nach den strengen Ordensregeln des Kaisers.[12] Ludwig hatte an alles gedacht, die Damen und Herren unterlagen sogar einer sorgfältig überlegten Kleiderordnung. So trugen die Frauen ausschließlich blaue Gewänder, die Herren waren in den Farben Blau und Grau gekleidet. Zudem verfügte jedes Paar über einen Knecht, eine Magd und einen Heizer. Das gemeinschaftliche Leben unterlag ebenfalls strengen Richtlinien: Die Mahlzeiten wurden gemeinsam eingenommen und man teilte sich die Krankenpflege. Es gab Jagdveranstaltungen, sportliche Spiele sorgten für Ausgleich. Später wurde dem Stift ein Benediktinerkloster angeschlossen.

Der Kaiser aber hatte damals mit der Klostergründung durchaus auch Praktisches im Sinn: Mit dem Bau von Ettal erhoffte er sich eine Erschließung der unwirtlichen Gegend und die Sicherung eines der bedeutendsten Verkehrswege seiner Zeit, dem Handelsweg zwischen Augsburg und Verona.

Heute leben hier vierundfünfzig Mönche nach der Regel des heiligen Benedikt. Jährlich finden bis zu achthunderttausend Besucher den Weg hier herauf nach Ettal. Ein mächtiger Kuppelbau bildet den Mittelpunkt dieser Benediktinerabtei: das Münster »Unserer Lieben Frau zu Ettal«. Drinnen flackern Hunderte von Teelichtern in einem kleinen, heißen Nebenraum unter einer gigantischen Abzugshaube. Die kleinen Flämmchen symbolisieren Glaube und Gebet und die immer während Hoffnung auf Erlösung von Leid und Krankheit.

Betritt man dann den Kirchenraum, ist man überrascht, wie klein dieses kuppelgekrönte Gotteshaus ist. Einer zarten Marienfigur, das stehende Jesukindlein auf dem Schoss balancierend, gilt die Verehrung des bis heute nicht abgerissenen Wallfahrerstroms. Diese ungewöhnliche Figur bildet das Zentrum der Kirche und befindet sich in der golden glitzernden Tabernakelnische an der Ostseite des Raumes. Das Marienbild aus feinstem Carrara-Marmor trägt eine reich geschmückte Krone und ist seit der Barockzeit pompös bekleidet. Zwölf Kilo ist die Madonna schwer und auf ungewöhnliche Weise fand sie vor langer Zeit den Weg hierher nach Ettal.

Im Jahr 1327 machte sich Ludwig der Bayer mit großem Hofstaat auf den Weg nach Rom. Die Vereinigung Italiens mit dem Deutschen Reich unter seiner Regentschaft, das war sein Ziel; in Rom wollte er sich krönen lassen. Doch er war nicht der Einzige mit dieser Idee. Auch Friedrich der Schöne, seines Zeichens Habsburger, liebäugelte mit der Krone. Ludwig dem Bayern wurde letztendlich das gute Stück aufs edle Haupt gesetzt, doch sein Geldsäckel hatte, durch den erzwungenermaßen langen Aufenthalt in Rom, stark gelitten.

Mit erschreckend wenig Gold und Dukaten trat Ludwig den Heimweg an. Als er mit seinem Gefolge bereits die Alpen erreicht hatte, überkam ihn inmitten der rauen, majestätischen Bergwelt die Verzweiflung. Würden sie es noch bis nach Hause schaffen? Reichte das Geld für Verpflegung und Unterkunft? War die Versorgung seiner Dienerschaft, der Ritter und Knechte und, nicht zu vergessen, seiner Tiere, die ihn und seine Leute so lange Zeit treu begleitet hatten, gesichert?

Ratlos und sehr besorgt ließ Ludwig an einer kleinen, der Mutter Gottes geweihten Kapelle Halt machen. Das winzige Gotteshaus schmiegte sich geduckt an eine karge Felswand. Es wirkte ärmlich und verlassen. Drinnen warf sich der Kaiser der Länge nach auf den Boden und bat inständig den Himmel um Hilfe aus seiner misslichen Lage. Da tat sich plötzlich, lautlos und sanft eine Mauer des Kirchleins auf und heraus trat ein uralter Mann in Mönchskutte. Vom Alter gebeugt, stand er wie ein knotiger Spazierstock vor dem mächtigen Herrscher, der, nebenbei gesagt, ein stattlicher und gut aussehender Mann war, mit kantigen Gesichtszügen und wallendem blondem Haar. Das Gesicht des Alten hingegen war von tiefen Furchen durchzogen und milchig trübe Augen ließen Weisheit und Güte erahnen. Als er zu sprechen begann, kam seine Stimme brüchig und zittrig aus der faltigen Kehle, als hätte er sie lange nicht mehr benutzt.

»Ich werde dir helfen«, sprach er. »Befolge meinen Rat und deine Sorgen werden dir genommen!« Ludwig nickte, bezaubert und verängstigt. Da zog der alte Mann aus seiner braunen, grob gewebten Kutte eine wunderschöne, leuchtend weiße Marienplastik hervor. Im Zwielicht der Kapelle ging ein überirdischer Schimmer von ihr aus. Der Greis forderte den Kaiser auf, die Figur mit in seine Heimat zu nehmen, an einem Ort namens »Ampferang« (Ammergau) ein Kloster zu gründen und der kleinen Madonna darin einen Ehrenplatz zu geben. Ludwig war sofort bereit, die schwere Aufgabe einer Klostergründung auf sich nehmen, wies jedoch auf seine Geldnot hin. Außerdem hatte er keinen blassen Schimmer, wo dieses Ampferang überhaupt lag. Der Mönch lächelte nur spitzbübisch mit zahnlosen Lippen, deutete die rätselhafte Ankunft eines edlen Herrn an und verschwand, wie er gekommen war. Auf den groben Holzplanken der Kapelle blieb die steinerne Madonna zurück.

Am nächsten Morgen ritt ein fremder, adliger Herr auf feurigem Rappen ins kaiserliche Lager, übergab, ohne eine Erklärung, dem verdutzten Ludwig Gold- und Silbermünzen und der Weiterreise stand nun nichts mehr im Wege. Doch nach langen, strapaziösen Tagen, zurück auf heimatlichem Boden, kam die nächste Hürde: Wo lag dieses Ampferang? Eine Straßenkarte, praktisch gefaltet für die Hosentasche, gab es natürlich noch nicht, sie hätte auch wenig Sinn gemacht, bei den paar unbefestigten Wegen und Pfaden. Der mächtige Herrscher sandte also

Kundschafter aus, um sein Gelübde möglichst bald erfüllen zu können. Ein Jäger aus dem abgelegenen Oberammergau hörte schließlich von der Suche und dem Gelöbnis Ludwigs und stellte sich bei Hofe vor. Ampferang, das wusste er genau, lag oberhalb Partenkirchens im Gebirge. Wild und unheimlich war es dort – eine Senke, von mächtigen blaugrünen Tannen umgeben.

Ludwig packte kurzerhand die Marienfigur in seine Satteltasche, dann ritten die beiden mit ein paar Dienern hinauf ins nebelige Hochtal: eine unwirtliche Stelle für ein Kloster, aber Gottes Wege sind bekanntlich unergründlich. Gerade als Ludwig ins Grübeln kam, wo genau er sein Kloster errichten sollte, ging sein Gaul ächzend in die Knie. Die Steinfigur in der Tasche schien plötzlich mehrere Zentner zu wiegen. Mühsam rappelte sich das Pferd wieder auf, um gleich wieder auf dem nadelbedeckten Waldboden zu liegen. Dies geschah ein drittes Mal und da endlich fiel bei allen Anwesenden der Groschen: Hier, genau hier, sollte der Grundstein für das Kloster gelegt werden, was Kaiser Ludwig der Bayer dann auch am so genannten Vitalistag, dem 28. April 1330, eigenhändig tat.

12

Benediktinerinnenabtei Frauenwörth im Chiemsee, Frauenchiemsee

Landkreis Rosenheim, Oberbayern

Der Chiemsee, das bayerische Meer, lockt mit kulturellen Hochgenüssen: dem Märchenschloss des »Kini« auf Herrenchiemsee und die erhabene Schlichtheit des Klosters auf der Fraueninsel.

Wohl um das Jahr 766 – das Datum ist historisch nicht belegt – gründete Herzog Tassilo III. ein Frauenkloster auf dieser kleinen, idyllischen Insel, als Gegengewicht zum Männerkloster auf Herrenchiemsee, dessen Kirchweihdatum auf den 1. September 782 fällt. Nachdem im 10. Jahrhundert die Ungarn das Kloster auf der Insel gründlich verwüstet hatten, wurde Frauenwörth 1130 wieder neu aufgebaut. Im Laufe der Jahrhunderte folgten dann immer wieder Um- und Ausbauten an den Klostergebäuden und am alten Marienmünster.

Eine Schifffahrt über den Chiemsee bietet neben den kulturellen Höhepunkten gute Gelegenheit, die Seele baumeln zu lassen.

Sie erreichen den Chiemsee über die A 8 München-Salzburg, Ausfahrt Bernau. In Prien am Chiemsee geht es per Schiff weiter auf die Fraueninsel. Rund um den See finden Sie weitere Schiffsanlegestellen.

www.frauenwoerth.de
www.mychiemsee.de

Ein sonniger Tag im Mai, der Flieder blüht. Der Chiemsee leuchtet smaragdgrün, weiße Schaumkrönchen tanzen auf seiner Oberfläche. Noch sind es relativ wenig Touristen – die Gesichter blass und grau vom langen Winter –, die sich in freudiger Erwartung über das bayerische Meer schippern lassen. Im Hochsommer dann werden sie sich wie die Ölsardinen auf den Schiffen drängen; das Schloss des Märchenkönigs zieht die Menschen an wie ein Magnet und viele von ihnen werden ihren Ausflug zum bayerischen Versailles noch mit einem Besuch auf der Fraueninsel krönen.

Diese kleine Insel, einen Steinwurf nur von ihrer großen Schwester Herrenchiemsee entfernt gelegen, ist auch unser Ziel. Und wie sie da paradiesisch vor dem Bug auftaucht, fühlt man sich in eine Idylle zurückversetzt, die man eigentlich nur noch aus alten Kindertagen kennt, denn trotz ausgedehnter, meist überfüllter Touristenpfade hat sich die Fraueninsel einen Charme bewahrt, der im ganzen Land seinesgleichen sucht.

Die heutigen Inselbewohner haben sich mit uns Touristen arrangiert. Viele von ihnen leben von unserer Kauflust, unserem Hunger auf frische Chiemseerenken und Räucherfisch und von der ständigen Jagd auf Andenken. Die Benediktinerinnen verkaufen in ihrem Klosterladen Marzipan in Gestalt von Herzvögeln und Fischen. Und sogar die Insel selbst ist im Miniformat, aus dieser zuckersüßen Rohmasse geformt, hier erhältlich. Ganz zu schweigen vom berühmten Klosterlikör, dessen feine Kräutlein im nahe gelegenen Klostergarten wachsen, die dann, zu einer geheimen Mixtur zusammengemischt und fein säuberlich destilliert, ein edles Getränk bilden – heilkräftige Wirkung nicht ausgeschlossen.

Zu guter Letzt erklären sich die freundlichen Nonnen auch gerne dazu bereit, auf Anfrage geweihte Kerzen mit den eigentümlichsten Namen zu versehen. Ohne mit der Wimper zu zucken, wird die Taufkerze kunstvoll mit dem Namen »Kevin-Marcel« beklebt und mit einem freundlichen Lächeln – plus geringem Aufpreis fürs Verzieren – der glücklichen werdenden Mutter in die Hand gedrückt. Der ungeborene Kevin-Marcel wird noch mit den besten Segenswünschen bedacht. Da kann ja nun wirklich nichts mehr schief gehen; und wie er einmal heißen wird, weiß er ja Gott sei Dank noch nicht!

Hauptattraktion für die Freunde historischer Kirchen ist vor allem das dreischiffige Münster Mariä Opferung, das zu den ältesten Großbauten Bayerns zählt. Unmengen von Menschen besuchen tagtäglich während der Hauptsaison diese alte, ehrwürdige Kirche; und schließt man für einen kurzen Moment die Augen, fühlt man sich glatt ins Mittelalter zurückversetzt. Damals war es üblich, während des Gottesdienstes herumzuwandern, Bekannte zu begrüßen, Handel zu treiben oder gar einen guten Preis für ein Schäferstündchen herauszuschlagen. Heute wandeln moderne Zeitgenossen durch das Münster. Ein permanentes Raunen liegt in der kühlen, modrigen Luft und laut wird über Kunst und Schönheit gefachsimpelt. Einen Ort der Stille und Besinnung sucht man hier vergebens. Die Benediktinerinnen nehmen dies mit einem gleichmütigen Lächeln hin und führen auf Wunsch kenntnisreich durch ihr schönes Gotteshaus.

Hinter dem Hochaltar, von dessen Rückseite auf einem Gemälde eine überlebensgroße Irmengard ihre segnende Hand über dem Chiemsee hält, befindet sich die Irmengard-Kapelle, das Hauptziel vieler Wallfahrer, mit den hochverehrten Reliquien der ersten Äbtissin der Abtei Frauenwörth.

Irmengard (auch Irmingard, Irmingart oder Irmangart), eine Urenkelin Karls des Großen und Tochter Ludwigs des Deutschen, erblickte vermutlich 832/833 in Regensburg das Licht der Welt. In jungen Jahren übergab ihr der Vater die Frauenabtei Frauenchiemsee. Es heißt, der König habe dieses Stift besonders geliebt.[13] Irmengard führte das Kloster mit kundiger Hand zu ungeahnter Blüte und die Abtei zählte bald zu den großen Frauenstiften ihrer Zeit.

Irmengards Vater wird wohl ab und zu in den Geldsäckel gegriffen haben, um die Tochter bei ihren großen Bauvorhaben zu unterstützen.

Bereits im Alter von fünfunddreißig Jahren starb Irmengard an den Folgen einer Gichterkrankung, die schon vielen Karolingern vor ihr zum Verhängnis geworden war. Anfangs in einem einfachen Steinsarkophag unter einem Pfeiler der Kirche bestattet, wurden ihre Gebeine im Jahr 1004 erstmals gehoben. Es heißt, dass man unter ihrer Ordenstracht ein Bußgewand aus harten Haaren fand, das den Leichnam der Seligen bedeckte.[14] Die Patronin des Chiemgaus ist nach ihrem Tod

nie in Vergessenheit geraten. Der Ruf ihrer großen Hilfs-
bereitschaft überdauerte die Jahrhunderte, und das nicht
zu Unrecht.

An einem lauen Sommerabend ruderten beispielsweise
zwei Brüder von Frauenwörth auf den See hinaus, um im
Zwielicht der untergehenden Sonne zu fischen. Zwar
braute sich weit hinten am Horizont bereits eine dunkle
Wolkenwand zusammen, doch die beiden wollten ihr
Glück trotzdem versuchen. Kaum hatten sie jedoch ihren
angestammten Platz auf dem bereits aufgewühlten See
erreicht, brach mit aller Macht das Gewitter los und verwandelte das Wasser um sie herum in einen brodelnden
Hexenkessel. Das Ufer der Insel verschwand im Dunkel
eines dichten Regenschleiers und das Boot der Männer begann einen grotesken Tanz auf den gischtsprühenden Wel-
len aufzuführen.

Am Ufer spielten sich mittlerweile herzzerreißende Sze-
nen ab. Eine der beiden Fischersfrauen war mit ihren Kindern auf dem Arm an die Anlegestelle gelaufen und hatte
sich dort verzweifelt auf den regennassen Erdboden geworfen; um Hilfe flehend reckte sie ihre Arme dem wü-
tenden Himmel entgegen.

Irmengard muss dieses Elend im Himmel oben mit
angesehen haben, denn nach einer Weile erschien der jam-
mernden Frau eine lichtdurchflutete Frauengestalt – eindeutig die selige Benediktinerin. Irmengard, schon zu Lebzeiten eine tatkräftige Frau, band resolut ein Boot vom
Ufer los und hieß die Fischersfrau einsteigen. Tapfer und
mit tränenverschmiertem Gesicht ruderte diese nun in die
weiß schäumende Hölle hinein, den hilflosen Männern
entgegen. Irmengard ließ unterdessen über der Insel ein
helles Licht leuchten, sodass die Unglücklichen auf dem

See die Umrisse der Insel von weitem erkennen und darauf zusteuern konnten.

Froh, endlich wieder festen Boden unter den Füßen zu spüren, erreichten die drei wohlbehalten Frauenwörth. Irmengard war längst wieder in den Himmel aufgestiegen und trocknete dort oben, im illustren Kreis ihrer heiligen Freunde, ihr klatschnasses Gewand.

13

Ehemalige Zisterzienserabtei Fürstenfeld, Fürstenfeldbruck

Landkreis Fürstenfeldbruck, Oberbayern

Ein bayerischer Othello hat in Fürstenfeld seinen großen, tragischen Auftritt.

1263 wurde dieses Kloster von der Amperniederung bei Olching hierher verlegt. 1270 begann man, unter dem Zisterzienser-Abt Anselm, mit dem Bau einer Kirche und mit der Errichtung von Klostergebäuden aus Backstein. Im Jahr 1717 musste die frühgotische Pfeilerbasilika dann einem Neubau weichen.

Fürstenfeldbruck ist ein quirliges Städtchen, das seinen Besuchern viel zu bieten hat. Im Sommer, zum alljährlichen Fürstenfelder Kultursommer, beehren Kabarettisten und bekannte Musiker die Kreisstadt.

Einen Katzensprung von Fürstenfeldbruck entfernt liegt die Wallfahrts- und Klosterkirche Grafrath, die mit Sicherheit einen Besuch wert ist, liegt hier doch der Riese Rasso aufgebahrt.

Sie erreichen die ehemalige Abtei Fürstenfeld am besten über die A 96 München-Lindau, Ausfahrt Inning. Von dort fahren Sie auf der B 471, vorbei an Grafrath, nach Fürstenfeldbruck.

www.kloster-fuerstenfeld.de
www.fuerstenfeld.de.

Wer sich heute auf breiten Umgehungsstraßen und durch modernes Gewerbegebiet seinen Weg zum ehemaligen Kloster Fürstenfeld – einst Grablege der Wittelsbacher – bahnt, kann kaum mehr erahnen, dass dieser mächtige

Gebäudekomplex ehemals einsam und weltabgewandt am Fuße des Engelsberges lag. Trotzdem war der Standort für das Kloster vom Gründer Herzog Ludwig II. damals wohl durchdacht: Wirtschaftlich, politisch und verkehrsgeografisch günstig sollte Fürstenfeld liegen.

Heute empfängt uns in Fürstenfeldbruck eine prunkvolle, weiß-grüne Barockfassade, deren Kirchturmspitze weit über das Land grüßt. Nichts weißt mehr auf frühere Zeiten hin, schon gar nicht auf die einfachen Holzbauten, die den Mönchen zu Anfang Schutz und Wohnstatt auf dem »Fürsten Feld« geboten hatten. Als es Ende des 13. Jahrhunderts dann so weit war und die Zisterzienser endlich hinter steinernen Mauern ihre Gebete verrichten konnten, hatten die weißen Mönche bereits mehrere Ortswechsel hinter sich. Hier, in der Nähe des Marktes Prugg, sollten sie nun ihre endgültige Heimat finden.

Alle Pracht und Herrlichkeit des barocken Zeitalters entfaltet sich heute vor dem Besucher, hat dieser die kleine, eisenbeschlagene Türe der heutigen Pfarrkirche St. Magdalena neben dem großen Eingangsportal aufgestemmt. Rot, Rosa und warme Goldtöne dominieren das Gesamtbild, finden sich in den Fresken wieder, in den üppigen Stuckarbeiten und verleihen den fein strukturierten Marmorsäulen einen matten Glanz.

Über dem Hochaltar leuchtet eine stilisierte Sonne, deren gelbe Glasscheiben das Licht von außen filtern und warm in den Raum fließen lassen; so scheint sogar das Altarblatt, die Himmelfahrt Mariens, lichtdurchflutet, als wäre es ein Leichtes, in den Himmel aufzufahren. Namhafte Künstler wie Cosmas Damian Asam, dessen Fresken wie immer eine Augenweide sind, Ignaz Baldauf sowie Wessobrunner Stuckateure, unzählige Maler, Handwerker,

Bildhauer und Zimmerleute haben Hand angelegt an diesen pompösen Prachtbau. So entstand eine »herrliche Wandpfeilerkirche, die in Helligkeit und Ausgewogenheit der Dimensionen ihresgleichen in der bayerischen Kunstlandschaft sucht«.[15]

Das Kloster Fürstenfeld verdankt seine Entstehung einem schrecklichen Irrtum – dem Mord an einer bayerischen Herzogin: Maria von Brabant.

Im Jahre 1256 weilte Herzog Ludwig II. der Strenge mit seinen Mannen im Felde nahe Augsburg. Es herrschte tiefster Winter, das Land lag unter einer dicken, weißen Decke; tagelanges Schneetreiben machte ein Weiterkommen unmöglich. Herzog Ludwig sah sich gezwungen, ein Winterlager aufzuschlagen, um dort auf Wetterbesserung zu hoffen.

Zu Hause, auf der Burg Mangoldstein im heutigen Donauwörth, kam Ludwigs Gemahlin Maria von Brabant schier um vor Sorge um ihren geliebten Mann. Rastlos wanderte sie durch die Gemächer der Burg: von der Kemenate in den Burgsaal, hinunter zu den Stallungen, in die Kapelle und hinauf auf die gut bewachten Zinnen der Burgmauer. Die Dienerschaft wurde nervös und Marias Nerven lagen blank. Die Wachtposten waren angehalten worden, verstärkt Ausschau nach ihrem Herrn zu halten – leider vergebens!

Nach vielen schlaflosen Nächten kam der Herzogin endlich eine rettende Idee. Noch im Morgengrauen eines klirrend kalten Tages griff sie mit klammen Fingern zur Feder und schnell war ein Brief an den Ritter Heinrich von Kyrberg aufgesetzt. Der mutige Mann war ein treuer Ergebener Ludwigs, und ihn bat sie nun inständig, den Herzog zu überreden, seine Zelte bei Augsburg abzubrechen. Im Gegenzug bot sie Heinrich das lang ersehnte »Du« an. Ritter Heinrich hatte die Tochter Herzog Heinrichs II. des Großmütigen von Brabant schon mehrmals vergeblich gebeten, ihm diese Gunst zu gewähren, nun schien Maria der richtige Zeitpunkt dafür gekommen zu sein. Schnell wurde nach einem Boten geschickt und wenig später galoppierte dieser donnernd über die Zugbrücke, in der ledernen Satteltasche das flehentliche Schreiben der Herzogin. So nahm das Drama unausweichlich seinen Lauf.

Ein paar Tage später erreichte der völlig erschöpfte Mann endlich das Lager des Herzogs. Ohne ein unnötiges Wort zu verlieren, sprang er von seinem dampfenden Ross, packte den Brief und eilte schnurstracks zu seinem Gebieter. Mit einem tiefen Diener überreichte er Ludwig das Schreiben der Gemahlin, das ja eigentlich an den Ritter Heinrich gerichtet war. War der Bote nun ein einfältiger Tropf oder ein übermüdeter Diener, der im Eifer des Gefechts einen verheerenden Fehler machte? Wir werden es nie erfahren! Es war jedenfalls Ludwig und nicht Heinrich, der das Siegel brach und mit einer immer tiefer werdenden Zornesfalte auf der Stirn die schön geschwungenen Zeilen seiner Frau entzifferte. Ludwig las, dass Maria dem Kyrberger gewähren wolle, »um was er sie schon lange gebeten habe ...«[16] Darüber geriet er dermaßen in Rage, witterte er doch eindeutig Ehebruch, dass er wie von Sinnen sein Schwert zog und mit einem Streich den überraschten Boten ins Jenseits beförderte. Dann schwang sich der Herzog in den Sattel und galoppierte gen Donauwörth davon.

Mehrmals musste er auf seinem langen Ritt die Pferde wechseln. Man spricht sogar davon, dass ihm die Rösser gar unter dem adeligen Hintern wegstarben, so eilig hatte er es, bittere Rache an seiner Frau zu nehmen. Am 18. Januar, kurz vor Mitternacht, erreichte er mit seinen beiden Getreuen, Heinrich von Isaltzried und Albert von Brockenberg, die nachtschlafende Burg. Immer noch vor Wut schäumend, sprang er vom nicht minder schäumenden Pferd und stürmte im Laufschritt über die Zugbrücke.

Die Ehrenjungfrau Heilika von Brennenberg hatte die Ankunft der drei Männer gehört und kam Ludwig mit einer brennenden Kerze entgegen, um ihm den Weg zum Wohnturm zu leuchten, doch dazu kam es gar nicht mehr. Der Herzog griff sofort zur Waffe und erdolchte die junge Frau, die mit einem Schmerzenslaut blutend zusammenbrach; erst dann eilte er die Treppe zum Schlafgemach seiner Frau hinauf. Diese saß ahnungslos und freudig erregt auf dem Bett, um ihren Ludwig glücklich in die Arme schließen zu können. Doch den Mann, der da mit wutverzerrtem Gesicht die Türe zum Zimmer aufriss, erkannte sie in seiner Rage kaum wieder. Mit eiskalter Stimme verlangte der Herzog nach dem Burgwart, der wenig später mit wirren Haaren und verklebten Augen auf der Bildfläche erschien. Ludwig befahl dem verschlafenen Mann, seine Frau auf der Stelle enthaupten zu lassen. Die

Herzogin hatte keine Chance mehr, das Missverständnis aufzuklären, und ohne großes Federlesen wurde Maria von Brabant abgeführt. Schlag Mitternacht rollte das Haupt der Unglücklichen auf den gefrorenen Lehmboden des Burghofes.

Wenig später erfuhr Ludwig der Strenge die wahren Hintergründe des verhängnisvollen Schreibens seiner Frau und über Nacht wurde das Haar des Herzogs schlohweiß. Seine Scham und das Entsetzen über seine Tat kannten keine Grenzen. Fieberhaft begann er nach einer Lösung zu suchen, um die schrecklichen Morde zu sühnen. So wandte er sich schließlich Hilfe suchend an Papst Alexander IV., der ihm eine Wallfahrt ins Heilige Land oder die Stiftung eines Kartäuserklosters anriet. Ludwig entschied sich für das Kloster, obwohl es damals in Bayern keine Kartäuser gab und die Gründung eines solchen Klosters mit großen Schwierigkeiten verbunden und im Grunde auch nicht möglich war. »Mit Einverständnis des Heiligen Vaters berief Ludwig im Jahre 1258 Zisterzienser aus Aldersbach in Niederbayern nach Thal bei Großhöhenrain in der Nähe von Aibling, wo das Kloster seinen ersten Standort fand.«[17] Drei Jahre später wurde »Seldenthal«, so hieß das Kloster in den Urkunden von 1259, in die Amperniederung bei Olching verlegt. Den Rest kennen wir.

Herzog Ludwig II. ging als bayerischer Othello in die Geschichtsbücher ein. Seine Frau Maria ist bis heute unvergessen. In der Klosterkirche können Sie eine mannshohe Statue des Stifters bewundern. Als Zeichen seiner Reue trägt er ein goldenes, von einem Pfeil durchbohrtes Herz auf der Brust.

14

Ehemaliges Benediktinerkloster, Wallfahrtskirche zum Hl. Rasso, Grafrath

Landkreis Fürstenfeldbruck, Oberbayern

Das Skelett eines gewaltigen Hünen birgt die Kloster-kirche Grafrath in ihrem Inneren.

Wohl um das Jahr 950 gründete Graf Rasso von Dießen-Andechs an jener Stelle ein kleines Benediktinerkloster. Der Grundstein zur heutigen Kirche wurde im 17. Jahrhundert, nämlich 1688, gelegt. Sie war die letzte ihrer vier Vorgängerkirchen und wurde 1695 geweiht. 1783 wurde das Innere des Gotteshauses noch einmal mit neuen Stuckverzierungen versehen und neu ausgemalt. Über der Straße befindet sich heute noch ein kleines Franziskanerkloster. Dieses Gebäude wurde in den Jahren 1677/78 errichtet.

Von Grafrath aus ist es gar nicht weit nach Andechs, wo die Wurzeln des stattlichen Adeligen liegen. In der anderen Richtung geht es nach Fürstenfeldbruck, dort lockt das Kloster Fürstenfeld mit seinem Gründer, dem »bayerischen Othello«.

Sie erreichen Grafrath über die A 96 München-Lindau, Ausfahrt Inning. Von dort aus weiter auf der B 471.

www.grafrath.de

Wer heutzutage die Wallfahrtskirche St. Rasso in Grafrath besucht, kann im Grunde nicht mehr erkennen, dass dieses Gotteshaus ursprünglich einmal auf einer Insel errichtet worden ist. Links und rechts von der Amper umflossen, thronte in früheren Zeiten ein kleines Benediktinerkloster auf ebenjenem Platz, wo sich jetzt der bescheidene Turm der Grafrather Wallfahrtskirche in den Himmel reckt.

Längst hat sich der Fluss ein neues Bett gesucht und ist dem Ampermoor gewichen. Die Kirche wird nicht mehr von stillen Wassern umflutet, sondern kämpft mit dem Lärm und den Abgasen einer viel befahrenen Landstraße. Die Legende um die Gründung des Klosters ist eng mit der Geschichte des heiligen Rasso verbunden, der hoch oben über dem Altar in einem Glasschrein aufgebahrt ist.

Schon vor dem Betreten des Gotteshauses fällt links neben dem Eingangsportal, an der gelb getünchten Außenwand, eine in Stein gemeißelte Inschrift auf. In verschnörkelten Buchstaben wird dem Besucher ein vollkommener Ablass versprochen, und zwar »Einmal im Jahr an einem Selbst Beliebigen Tag ...«. So kann der moderne Wallfahrer beruhigt eintreten, sofern er diesen Sündenerlass überhaupt in Anspruch nehmen will.

Drinnen empfängt den Besucher ein großer, heller Raum und man hat das Gefühl, die göttliche Herrlichkeit bricht in Form greifbarer Lichtbündel durch die hohen Glasfenster. Leider ist der vorhin schon beklagte Verkehrslärm allgegenwärtig und es ist fraglich, ob Rasso für sein Kloster die gleiche Stelle gewählt hätte, wenn er gewusst hätte, dass Autos auf einer vorbeiführenden Straße einmal die Gläser in den bleiernen Streben der Fenster vibrieren lassen würden.

Rasso hört dies freilich nicht mehr. Bis auf sein hochverehrtes Skelett, ist von dem Hünen nichts mehr übrig geblieben. 2,50 Meter soll der edle Ritter einmal gemessen haben, wobei 2,14 Meter wohl eher der Wahrheit entsprechen.[18] Zugegeben, die Gebeine in dem blitzenden Glassarg auf dem Hochaltar sind ungewöhnlich lang und groß und schon allein diese Tatsache wird früher Scharen neugieriger Pilger angezogen haben.

Bis in unsere Zeit hinein ist Grafrath (der Ortsname ist die mittelalterliche Bezeichnung für »Graf Rasso«) ein beliebtes Wallfahrtsziel geblieben, freilich nicht zu vergleichen mit Altötting oder gar Fatima und Lourdes. Immer wieder halten große, komfortable Reisebusse auf dem kleinen Schotterparkplatz; dann füllt sich das Kirchenschiff für kurze Zeit mit dem Geräusch quietschender Gummisohlen auf kaltem Marmor. Das Raunen brüchiger, vornehmlich weiblicher, alter Stimmen dringt hinauf bis zu den Deckenfresken des Augsburger Akademieprofessors Johann Georg Bergmüller, welche die wichtigsten Stationen aus dem Leben des Grafen darstellen.

Mit den fachmännischen Blicken geübter Tagesfahrtenfreaks wird alles begutachtet – gebetet wird selten. Schnell noch ein kurzer Blick auf die ehemalige, steinerne Grabplatte des Heiligen, dessen Lockenpracht bis weit über die Schultern wogt. Ein Fingerzeig hinauf zur Chorempore, wo man einen kleinen Ausschnitt von der »Wunderkammer« erhaschen kann, in der die Weihegaben und Votivbilder aufbewahrt werden, »die Zeugnis davon geben, in wie viel Leiden und Nöten das gläubige Volk den heiligen Rasso angerufen und bei ihm Hilfe gefunden hat.«[19] Doch da sind die Damen schon wieder schnatternd verschwunden. Froh, der kalten Kirche entfliehen zu können, um sich erneut in die komfortablen Sitzschalen ihres überheizten Busses zu begeben.

So bequem wie die modernen Pilger heutzutage, reiste Graf Rasso von Andechs-Dießen natürlich nicht, als er sich im 10. Jahrhundert aufmachte, um zunächst nach Rom und danach ins Heilige Land zu pilgern. Dem bärenstarken Rasso war es zwei Mal gelungen, Bayern gegen die Ungarn zu verteidigen, nicht ohne dass bei den schweren Kämpfen gehörig Blut vergossen wurde. Gemeinsam mit der Gemahlin des Herzogs Heinrich I. von Bayern, der Herzogin Judith, machte er sich anschließend auf seine Wallfahrt, um sich vor Ort beim Allmächtigen persönlich für dessen Hilfe zu bedanken – und um gleich noch ein paar kostbare Reliquien mit nach Hause zu nehmen.

Wohl um das Jahr 950 war Rasso wohlbehalten und reich beladen von seiner Reise zurückgekehrt und beschloss, ein Kloster zu bauen, um seine wertvollen Schätze von Mönchen bewachen zu lassen. Unter den Reliquien aus dem Morgenland befanden sich zum Beispiel die heiß begehrte Kinnlade von Johannes dem Täufer und der Leib des Timotheus. Daneben viele weitere Knöchelchen, Holzstückchen, Gold und Edelsteine, die später allesamt den Grundstein für den Andechser Reliquienschatz bildeten.

Unser Rasso saß nach seiner Heimkehr nun auf seiner Burg Wildenroth und sann über einen idealen Standort für sein neues Kloster nach. Wie wir wissen, stand die Sicherheit ganz oben auf Rassos Prioritätenliste, seine Kostbarkeiten sollten gut bewacht sein. Na ja, gegen eine schöne Lage war sicher auch nichts einzuwenden. Die Gegend nördlich des Ammersees hatte unserem Helden immer schon gut gefallen und hier sollte auch sein kleines Kloster entstehen. Nur wo?

Nach ein paar Tagen war Rasso des Nachdenkens leid. Aus seiner Waffenkammer holte er sich die längste und stabilste Lanze, die er finden konnte, und lief damit auf die Burgmauer. Von dort aus hatte er einen wunderbaren Blick weit hinaus in die liebliche Landschaft um Wildenroth.

Die Luft stand noch zitternd, nach einem langen, heißen Sommertag, über dem Ampermoor und die Sonne war gerade im Begriff unterzugehen, als der Graf mit festem Griff seine Lanze packte. Er holte einmal tief Luft, sein gewaltiger Brustkorb hob und senkte sich, dann schleuderte er mit seiner ganzen Kraft die Waffe hinaus in das schwindende Licht Richtung Ammersee.

Der Rasso, der heute in einer gemütlichen Außenwandnische der Wallfahrtskirche den Verkehr überwacht, ist eher ein mickriger Kerl, jedenfalls wirkt die bemalte Plastik weder besonders groß noch außerordentlich stark. Unseren wackeren Kämpfer aus dem Mittelalter müssen Sie sich wohl eher wie einen zweiten, zaubertrankgestärkten Obelix vorstellen – freilich viel würdiger und nicht so beleibt –, denn die von Rasso geschleuderte Lanze flog und flog und bald war sie von den Zinnen der Burg aus nicht mehr zu sehen. Viele Meilen weiter schlug die harte Eisenspitze mit voller Wucht in den weichen Erdboden der Amperinsel ein. Und genau dort, auf diesem wellenumwogten Eiland, errichtete Rasso dann ein Benediktinerkloster, dem er ein Jahr später als einfacher Mönch beitrat.

Am 19. Juni 954 starb Graf Rasso von Andechs-Dießen im Rufe der Heiligkeit. Die Zerstörung seines Inselklosters erlebte er nicht mehr und auch nicht die endgültige Befreiung des Abendlandes von den Magyaren (955). Glücklicherweise bekam er auch eher indirekt den Raub seiner Gebeine mit, als im Jahr 1867 gemeine Langfinger das mit Perlen und Edelsteinen reich verzierte Skelett aus dem Glasschrein über dem Hochaltar stibitzten. Gottlob tauchte der Heilige acht Monate später wieder auf, um sich hoffentlich für immer zur letzten Ruhe zu begeben.

15

St. Johann im Gnadental, Kloster der Franziskanerinnen, Ingolstadt

Stadt Ingolstadt, Oberbayern

Durch die mittelalterlichen Gassen der Stadt huschte einst die Heilige Muttergottes höchstpersönlich.

Angeblich existierte an ebenjener Stelle, wo sich heute St. Johann im Gnadental an eine Straßenecke quetscht, seit 1276 ein Terziarinnenkloster,[20] dessen Gebäude 1480 neu errichtet wurden. 1487 ging man dann an den Neubau des dazugehörigen Gotteshauses. In diese Zeit fällt auch die Begründung des Frauenklosters der Franziskanerinnen. Im 17. und 18. Jahrhundert wurde die Kirche im Wesentlichen neu gestaltet.

Die Stadt mit ihren historischen Bürgerhäusern lädt ein zum Schlendern und Verweilen. Erkundigen Sie sich schon vorab nach Veranstaltungen und Sehenswertem.

Sie erreichen Ingolstadt über die A 9 München-Nürnberg, Ausfahrt Ingolstadt. St. Johann im Gnadental liegt in der Johannesstraße, Ecke Harderstraße, direkt gegenüber des Franziskanerklosters.

www.ingolstadt.de

Dicht an die übrigen Klostergebäude gedrängt, die heute, neben den Franziskanerinnen, ein Gymnasium und eine Mädchenrealschule beherbergen, erhebt sich die rosa getünchte Klosterkirche St. Johann im Gnadental über die Dächer Ingolstadts. Fast scheint es, als suche sie Schutz am mütterlichen Busen, nur ein paar Schritte vom Straßenverkehr getrennt. Schlicht und bescheiden wirkt ihre Fassade, überzogen vom Grau der Autoabgase.

Sobald die niedrige, hölzerne Türe des kleinen Seitenportals sanft hinter einem ins Schloss fällt, umfängt kalte, klamme Stille den Besucher von St. Johann. Durch die dicken Mauern dringt nur mehr gedämpft der Lärm von draußen.

Gleich neben dem Weihwasserbecken, links vom Eingang, ist ein einfacher, blecherner Briefkasten für Gebetsanliegen am Eisengitter befestigt. In der allgemeinen Hetze des Alltags, wo kaum ein Stündlein der Ruhe herausspringt, kann man getrost andere für sich beten lassen. Kurz und knapp ein Anliegen aufs Papier gebracht, ab damit in den Briefkasten und beim nächsten Gottesdienst befindet sich die Bitte schon schnurstracks auf direktem Weg zum Herrgott. Die Kirche geht eben mit der Zeit.

Im Kirchenschiff selbst schwebt eine überlebensgroße Marienfigur über dem Altar, die so genannte Landshuter Madonna, die ihr mildes Gesicht auf den Besucher gerichtet hat. Hinter der Holzfigur aus dem Jahr 1522 bricht sich das Licht in den bunten Scheiben eines Glasfensters: Orange, Blau und warme Gelbtöne verleihen der Gottesmutter einen kaleidoskopischen Heiligenschein. Wunderschöne Fresken in erdigen Sandfarben, von einer Schwester des Ordens gemalt, ziehen sich bis zum Boden hinunter und vervollständigen das Bild einer schlichten, aber ausdrucksstarken Kirche.

Beim Verlassen des Gotteshauses fällt der Blick auf einen Schrank mit Sichtfenster. Nach Betätigung eines Lichtschalters formt sich aus dem Dunkel heraus eine liebevolle Nachstellung des »salomonischen Urteils« im Miniformat. Die dramatische Szene am Hofe des Königs zeigt kleine Figürchen aus Wachs, prächtig ausgestattet, in einer Kulisse aus dem Morgenland. Für die weniger Bibelfesten unter uns liegt freundlicherweise eine Kopie der heiligen Geschichte vor dem Diorama aus.

Als in den Achtzigerjahren des 15. Jahrhunderts ein Neubau des Klosters unumgänglich geworden war, begann für die Nonnen eine Zeit der Entbehrungen und des Hungers. Unmengen von Geld verschlangen die Bauarbeiten, bis sich 1488 ein riesiger Berg von Schulden angehäuft hatte.

Die frommen Schwestern, an ein hartes und karges Leben gewohnt, mussten den Gürtel noch enger schnallen, denn nicht selten fand sich nicht einmal mehr ein Kanten Brot in der Klosterküche. Doch trotz des nagenden Hungers blieben die Frauen gottesfürchtig und zuversichtlich. Sie verrichteten ihr Tagwerk, so gut sie konnten, und sanken abends ausgehungert und erschöpft auf ihre harten Lager. Als sich die Lage dramatisch zuspitzte und die letzten Körner aus den Getreidesäcken geschüttelt worden waren, ereignete sich eines Tages eine unglaubliche Geschichte.

Die morgendlichen Nebelschwaden hatten sich gerade erst zaghaft über der Donau erhoben, in den schmalen, schmutzigen Gassen der Stadt krähten herausfordernd ein paar Hähne und aus den offenen Kanälen stach beißender Ammoniakgestank in die taufrische Morgenluft. Niemand sah, wie zwischen den engen Häuserzeilen eine schlanke Frauengestalt, den nachtblauen Mantel schützend vor der Brust zusammengerafft, über Unrat und Dreck hinweg Richtung Kloster hastete. Der alten Nonne jedenfalls, die schläfrig und zusammengesunken an der Pforte saß, muss die Frau wie eine Lichtgestalt vorgekommen sein, wie diese da plötzlich scheinbar aus dem Nichts vor ihr auftauchte – und vielleicht war sie ja tatsächlich direkt vom Himmel herabgestiegen.

Aus dem feinen Gesicht der Frau sprachen nur Güte und Zuneigung, als sie sich nun freundlich an die alte Ordensschwester wandte. Mit leiser Stimme sprach sie von Hunger und Leid, als wüsste sie um den großen Mangel an Nahrung hinter den dicken Klostermauern. Vorsichtig zog sie unter ihrem Umhang eine schwere eiserne Pfanne hervor, unter deren Deckel sich köstliches, heißes Mus verbarg. Mit einem leichten Nicken stellte die schöne Unbekannte das schwere Ding vor der verblüfften Nonne ab und verschwand. Zitternd, die Pfanne mit beiden Händen umklammernd, eilte die alte Frau nun zu ihren Mitschwestern und erzählte von der sonderbaren Frau, fest davon überzeugt, die heilige Muttergottes persönlich vor sich gehabt zu haben. Der gehaltvolle Brei mundete allen vorzüglich und ihre Löffel erreichten nicht eher den Boden der Pfanne, bis alle satt waren.

Ein paar Tage nach diesem eigenartigen Vorfall an der Klosterpforte begann der Hunger erneut in den Mägen der Nonnen zu rumoren. Das wohlschmeckende Mus war längst zur schönen Erinnerung geworden und so litten alle wieder still vor sich hin. In ihre Gebete floss zunehmend die innige Bitte um Erlösung von dieser schweren Bürde – und siehe da, Gott schien die hungernden Frauen zu erhören.

Kurze Zeit später, als die alte Pförtnerin wie immer an ihrem Platz saß, meldete sich ein weiterer Besucher an. Ein schlanker, groß gewachsener Junge stand mit wachen Augen vor dem Tor und bat um Einlass. Seine Gestalt war umflossen von hellem Glanz. Der erschrockenen Frau erzählte er, er sei ein Diener des Allmächtigen; dann drückte er der verdatterten Alten zehn Goldgulden in die zittrige Hand und verschwand wie ein Geist durch die verschlossene Tür.

Dies war die letzte göttliche Erscheinung, die sich hinter den Mauern des Klosters der frommen Franziskanerinnen zugetragen hat. Von dem Geld konnten sich die Nonnen eine Zeit lang gut über Wasser halten. An Maria und den schönen Knaben dachten sie sicher noch oft. Wer weiß, welch schlimmes Ende es mit ihnen und ihrem Kloster genommen hätte, wären die beiden nicht plötzlich aus »heiterem Himmel« aufgetaucht.

16

Prämonstratenserstift Wilten, Innsbruck

Stadt Innsbruck, Tirol

Am Fuße des Karwendelgebirges kämpften einst zwei Furcht erregende Riesen um diesen Flecken Erde.

Das Prämonstratenserstift Wilten, das einst von Mönchen aus Rot in Oberschwaben besiedelt wurde, war bereits 1138 vom Papst bestätigt worden. Die so genannten Norbertiner hatten damals ein Konvent von Weltpriestern abgelöst, das bis dato in Wilten gewirkt hatte. Bis in das Jahr 1644 bestand die Klosterkirche komplett aus Holz; dann stürzten Gewölbe und Turm ein, und die Prämonstratenser begannen mit dem Wiederaufbau. 1665 konnte das neue Gotteshaus geweiht werden.

Innsbruck bietet viele Sehenswürdigkeiten. Besuchen Sie doch das Schloss Ambras, jenen Ort, in dessen Richtung einst der Riese Haymon einen Felsbrocken schleuderte, um die Grenzen seiner klösterlichen Besitzungen zu markieren.

Innsbruck erreichen Sie über die A 8 München-Salzburg. Am Inntal-Dreieck weiter über die A 93 nach Kufstein in Tirol. Sie fahren weiter auf der A 12 und verlassen die Autobahn an der Anschlussstelle Innsbruck-Ost. Folgen Sie der Staatsstraße 174 bis zur Abzweigung Brennerstraße. Nach ein paar Hundert Metern liegt links das Stift Wilten.

www.stift-wilten.at

Eine strahlend blaue Himmelskuppel wölbt sich über der Stadt Innsbruck und den sandig-grauen Bergen, dem Karwendelgebirge, das sich wie ein Bollwerk hinter ihr auftürmt. Kräftiges Terrakotta und cremig-gelbes Ocker überziehen die Fassade der Wiltener Stiftskirche; ein schillerndes Wechselspiel der Farben mit dem herbstlichen Laub der Bäume bietet sich nicht nur an einem sonnigen Oktobertag.

Schon 1000 Jahre vor Christus war dieser Ort am Fuße des Berges Isel (Bergisel) von Römern besiedelt gewesen. Das Kastell Veldidena erhob sich damals an dieser Stelle, am Einbruch des Silltales ins Inntal. Der römische Heilige Laurentius wurde hier bereits im 4./5. Jahrhundert verehrt. Ihm und seinem »Kollegen«, dem heiligen Stephanus – zwei der bekanntesten Märtyrer der Christenheit –, ist die Stiftskirche geweiht. Flankiert wird das Portal des Gotteshauses allerdings nicht von den beiden Kirchenpatronen: Erschreckend groß und aus Stein geschlagen, bewachen zwei richtige Haudegen den Eingang: die Riesen Haymon und Thyrsus.

Einem tödlich endenden Kampf zwischen diesen beiden Furcht erregenden Kolossen, aus dem Haymon geläutert hervorging, verdanken wir die Gründung des Klosters Wilten. Zugegeben, die Statuen auf ihren erhöhten Podesten sehen eher aus wie zwei schöne, zu groß geratene Jünglinge. Der Künstler Nikolaus Moll, der um 1715 diese Figuren erschaffen hat, hatte sie eben dem Zeitgeschmack angepasst.

Bereits in der Vorhalle begegnet uns erneut der Riese Haymon. Die Figur aus dem 15. Jahrhundert steckt in einer glänzenden Rüstung und misst an die drei Meter. Doch scheint dieser lange Lulatsch, trotz seiner beeindruckenden Größe, recht schmächtig. Als einen »Spargeltarzan« würde man ihn heutzutage wohl bezeichnen. Letztendlich hat er seinen Feind jedoch besiegt, und das ist wohl Hauptsache!

An Haymon vorbei blicken wir in das Innere der lang gestreckten Wandpfeilerkirche: Schwarz gebeiztes Birkenholz prägt die Altäre der Stiftskirche. Die matt schimmernden Goldverzierungen kommen auf dem dunklen Material besonders gut zur Wirkung. Unter einer reich verzierten Stuckdecke, mit Fresken von Kaspar Waldmann, entfaltet sich ein lichtdurchflutetes Kirchenschiff in reicher barocker Pracht. Bemerkenswert ist – neben der echten Haarpracht des Gekreuzigten auf einem der Seitenaltäre, dem Kreuzaltar – der scheinperspektivisch vertiefte Bühnenraum über dem Hochaltar: Eine goldene Freitreppe, flankiert von grimmig dreinschauenden Löwen, führt hinauf zum so genannten Thron Salomonis.

In einem kleinen, muffigen Raum, gleich links in der Vorhalle, können Sie sich über die Geschichte des Prämonstratenserstifts Wilten schlau machen. Daneben informiert ein Phonomat gleich am Absperrgitter in mehreren Sprachen über Sehenswertes im Kircheninnenraum. Die Dame allerdings, die ihre Stimme für den deutschsprachigen Teil zur Verfügung stellte, spricht so schnell, dass es sich vielleicht doch lohnt, per Klingelzeichen den Pförtner des Klosters zu bemühen, um einen der kleinen, reich bebilderten Kirchenführer zu erstehen.

Als der Riese Haymon in die Gegend südlich des Karwendelgebirges kam, traf er am Fuße des Berges Isel (Bergisel) auf einen Haufen viereckiger Tuffsteine, die Überreste des römischen Kastells Veldidena. Was Haymon hier, so fern seiner Heimat, zu suchen hatte, ist nicht überliefert. Aber man weiß, dass er um das Jahr 860 in das Inntal von Italien her gekommen war. Andere wiederum behaupten, dass es den gewaltigen Kerl aus dem schweizerischen Rheinland hierher verschlagen hat. Wie dem auch sei, Haymon war anscheinend nicht sehr gut aufgelegt: Er suchte Streit.

Im oberen Inntal lebte damals ein weiterer Koloss, der Riese Thyrsus. Haymon, Neuankömmling und ohne Rechte auf diesen Landstrich, forderte Thyrsus zum Kampf heraus; er hatte einfach keine Lust auf eine Nachbarschaft mit dem Alteingesessenen. Der Überlieferung nach übertraf Haymon den sagenumwobenen Goliath sogar noch an Länge, wenn auch nur um Haaresbreite. Als er an einem Bachlauf auf Thyrsus traf, um gegen ihn zu kämpfen, zählte er fünfunddreißig Lenze und galt als ein stolzer, übermütiger und aufgeblasener Zeitgenosse. Es begann ein langes und hartes Gefecht, mit viel Gebrüll und tiefen Wunden, die sich die Kontrahenten gegenseitig rissen. Thyrsus unterlag schließlich dem fremden Riesen und verstarb noch an Ort und Stelle. Das Blut des Besiegten verwandelte sich in heilkräftiges Steinöl, das angeblich heute noch im Karwendel gewonnen wird.

Nachdem Haymon seinen Gegner nun besiegt hatte, überkam ihn dann doch die Reue. Schließlich war der gute Mann ja Christ. Er erinnerte sich daran, wie er einst auf seinen vielen Reisen nach Tegernsee gekommen war, um in der dortigen Benediktinerabtei der Andacht beizuwohnen. Sehr beeindruckt und in sich gekehrt, war er damals weitergereist.

So beschloss Haymon, das vergossene Blut zu sühnen und zu Ehren des heiligen Benedikt ein Kloster zu errichten. Der Standort des ehemaligen römischen Kartells schien ihm zur Gründung sehr geeignet. Die Tuffsteine konnten zum Bau verwendet werden und die Nähe des Flusses Sill gewährleistete eine konstante Versorgung mit frischem, klarem Wasser. Dass unweit dieses Platzes ein Drache in dunklen, geheimen Höhlen hauste, wusste der Riese entweder nicht oder er ignorierte es schlichtweg.

Zügig gingen die Bauarbeiten voran; Haymon rieb sich zufrieden die Hände. Sein Sühnekloster nahm rasch Gestalt an. Doch eines Tages – schon im Morgengrauen erschallte lautes Hämmern und Klopfen durch das Tal – erfüllte plötzlich ein pestilenzartiger Gestank die eben noch taufrische Luft: Das zackenschwänzige Ungeheuer war aus seinem Versteck gekommen.

Mit weit aufgerissenem Maul, das mehrere Reihen blitzender, dolchähnlicher Zähne freigab, stürmte der Drache auf die Arbeiter und das neu errichtete Gebäude hinter ihnen zu. Einem Peitschenhieb gleich, schoss der harte, lange Schwanz auf das frische Mauerwerk hinunter. Steine und Holz barsten und flogen wie Funken durch die Luft. Innerhalb weniger Minuten war die Mühe vieler Wochen zunichte und das Kloster dem Erdboden gleichgemacht. Das elende Vieh hatte keinen Stein auf dem anderen gelassen und in einer Wolke aus Schwefel und anderen üblen Gerüchen zog es sich grummelnd und aus den Nüstern dampfend in seine Behausung zurück.

Haymon hatte die ganze Zeit über fassungslos dem Treiben zugeschaut. Seine Erschütterung und die Wut über die grausame Zerstörung seines Lebenswerkes kannten keine Grenzen. Er packte sein Schwert und folgte dem Lindwurm in die Berge. In einem abgelegenen Seitental drängte er das riesige Tier in ein enges Loch und tötete es nach einem kurzen, heftigen Kampf. Zum Zeichen seines Triumphes schnitt er die lange, widerliche Zunge aus dem Rachen des gigantischen Reptils und stiftete sie hernach dem neu erbauten Kloster. Das lange, rote Ding, das Haymons Nachbildung in der Stiftskirche in der Rechten hält, soll diese Drachenzunge darstellen.

Der Riese Haymon vollendete ohne weitere Behelligungen den Bau des Klosters Wilten. Bevor er im Jahr 878 starb, schleuderte er dann noch einen gewaltigen Felsbrocken Richtung Ambras. So weit der Stein flog, sollten die Äcker dem neuen Kloster gehören.

17

Ehemalige Benediktinerabtei Kastl
im Lauterachtal

Landkreis Amberg-Sulzbach, Oberpfalz

Im romantischen Kastl, hoch über der Lauterach,
scheint die Zeit stehen geblieben zu sein.
Lassen Sie sich hier das Gruseln lehren, mit einer
echten Mumie aus dem 14. Jahrhundert.

Ursprünglich eine wehrhafte Burg, die auf die Regierungszeit Ottos II. (937–983) zurückgeht, wandelten die drei Besitzer, Graf Berengar I. von Kastl-Sulzbach, Friedrich von Kastl-Habsberg und dessen Sohn Otto, Kastl 1098 in ein Benediktinerkloster um. Im Jahr 1103 wurde mit dem Bau des Klosters begonnen. 1552 fiel der gesamte Klosterbau einem Brand zum Opfer. 1636 kamen die Jesuiten nach Kastl. Sie begannen mit den Renovierungsarbeiten an den arg heruntergekommenen Gebäuden und der Kirche, wobei der Kern der romanischen Anlage bestehen blieb.

In einem alten Bauernhaus aus dem 14. Jahrhundert ist das liebevoll eingerichtete Kastler Heimatmuseum untergebracht (Hohenburger Str. 44).

Zu erreichen über die A 9 München-Nürnberg. Beim Dreieck Holledau weiter auf der A 93 Richtung Regensburg. Von dort aus fahren Sie auf der A 3 Regensburg-Erlangen bis zur Ausfahrt Neumarkt in der Oberpfalz. Zuerst auf der B 299a, folgen Sie dann der B 299 nach Kastl.

www.kastl.de

Auf einem steilen Felsen über dem Tal der Lauterach gelegen, erhebt sich majestätisch das älteste Kloster des bayerischen Nordgaus – die Klosterburg Kastl. Doch wo ehedem fromme Stille und Einkehr herrschten, schlägt dem Besucher heute meist fremdes Stimmengewirr entgegen: ein ungarisch-deutsches Gymnasium hat in den altehrwürdigen Mauern Einzug gehalten.

So geht es vorbei an coolen Jugendlichen, die lässig, ein Ohr am Handy, an der niedrigen Mauer lehnen, welche den Blick hinunter auf das Lauterachtal und den Markt Kastl ungehindert freigibt. Die Fensterflügel des Internats stehen weit offen und rhythmische Bässe vermischen sich mit dem einsetzenden Glockengeläut, das die volle Stunde anzeigt – im Grunde gar keine so üble Mischung!

Die eigentliche Sensation ist natürlich das Innere der alten romanischen Basilika, der heutigen Pfarrkirche St. Peter. Licht und hell, weit und luftig, kein überladener Schnickschnack, schlicht: ein Raum zum Durchatmen; ein Raum zum Durchwandern. Über den Köpfen der Besucher wölbt sich das älteste Tonnengewölbe Deutschlands. An den Hochschiffwänden zieht sich ein langes Band gemalter Wappen, neunundsechzig an der Zahl, entlang.

Eine Hand voll Touristen betritt die Kirche. Sie hasten durch den Raum, augenscheinlich eine Familie aus Ungarn, die wohl ihren Sprössling besucht. Was der hektische Familienvater allerdings in den Beichtstühlen sucht, deren Holztüren er mit viel Schwung und lautem Krachen aufreißt und wieder zuschlägt, bleibt ein Rätsel, denn ein Pfarrer hält sich darin nicht versteckt.

In der Vorhalle der ehemaligen Klosterkirche, mit dem wuchtigen Pfeiler in der Mitte, wird es dann richtig gruselig: Links an der Wand steht ein so genannter Bein-schrank aus dem 18. Jahrhundert, der eine mumifizierte Kinderleiche aus dem 14. Jahrhundert beherbergt. Nach dem Entrichten eines Obolus in einen kleinen Geldschlitz am geöffneten Schrank, darf man dann getrost den Licht-schalter betätigen. Dem dämmrigen Dunkel weicht schwa-ches Licht, welches ein kleines, vertrocknetes Mädchen in blauem Kleid preisgibt. Im Alter von drei Jahren war Anna, die Tochter Ludwigs des Bayern, 1319 gestorben. Heute ruht sie mumifiziert und von neugierigen Fingern nur durch eine Glasscheibe getrennt in diesem grotesken Schaukasten.

Ein weiteres, denkwürdiges Grabmal befindet sich di-rekt neben dem Schrank der kleinen Anna: die letzte Ruhestätte eines sagenumwobenen Helden der Geschich-te, des berühmt-berüchtigten Schweppermanns. Seyfried Schweppermann (1260–1337), seines Zeichens Feld-hauptmann unter Kaiser Ludwig dem Bayern, liegt in einem schwarzen Marmorsarkophag, in einer so ge-nannten Ehrentumba, die mit zwei großen, weißen Stein-eiern geschmückt ist. Der Legende nach leitete Seyfried Schweppermann die berühmte Schlacht bei Ampfing (1322) und entschied durch geschickte Heeresaufstellung den Kampf für seinen Herrn. Trotz des glorreichen Sieges über Friedrich den Schönen hatte Ludwig nach der Schlacht jedoch mit einigen Problemen zu kämpfen. Un-ter anderem trat ein akuter Lebensmittelmangel ein, so-dass selbst auf der kaiserlichen Siegestafel schreckliche Kargheit herrschte. Lediglich ein Körbchen voll mit Eiern machte vor den Augen der ausgehungerten Männer die Runde. Ludwig, der am Kopfende der Tafel die Verteilung der kostbaren Eier mit Argusaugen überwachte, sprach dann letztendlich mit donnernder Stimme den Satz, der in die Annalen der Geschichte eingehen sollte und den Sie auch auf dem Grabmal des legendären Helden nachlesen können: »Jedem Mann ein Ei, dem frommen Schweppermann aber zwei!«

Als man 1103 damit begann, das Gotteshaus der Benediktinerabtei zu errichten, suchte man im ganzen Land nach guten und kompetenten Arbeitern. Von überall her strömten die Handwerker, Zimmersleute und einfachen Gehilfen nach Kastl, um sich hier in Lohn und Brot stellen zu lassen; und jeden Tag bezahlte der Klosterrichter die Bauleute mit einem »guten« Silberpfennig.

Keiner der fleißigen Männer bemerkte jedoch, dass der Klosterrichter, nachdem er den Beutel mit Pfennigen vom Abt abgeholt hatte, in seine Werkstatt schlich, um auf dem Amboss einen Teil der Münzen auseinander zu schlagen. Die guten Silberlinge behielt der Schurke, mit den schlechten bezahlte er die Arbeit der Handwerker.

Es dauerte nicht lange und der Abt des Klosters kam dem Richter auf die Schliche. Er drohte ihm mit der Strafe Gottes, doch darüber konnte der Halunke nur hämisch lachen. Mit der Zeit verging ihm jedoch seine selbstsichere Fröhlichkeit. Er begann sich ganz langsam, anfangs kaum spürbar, in Stein zu verwandeln. Die Glieder wurden ihm schwer, seine Bewegungen steif und hölzern. Zuletzt fand man den Unglücklichen, wie gemeißelt, als Steinfigur in der Kirchenmauer festgebannt. Bis heute sitzt er da, mit nacktem Oberkörper, und fristet sein Dasein als lächerliche Relieffigur.

Fragt man sich zum Ende hin nur noch, wie man damals überhaupt den Bau einer so gewaltigen Kirche finanzieren konnte. Eine weitere Legende bringt da Licht ins Dunkel: Die Kastler Mönche hatten mit dem Bau der großen Basilika über dem Lauterachtal längst begonnen. Das Gotteshaus war schon recht weit fortgeschritten, als ihnen unerwartet das Geld ausging. Eine Finanzspritze war von niemandem so schnell zu erwarten, Mittel kaum zu beschaffen. Die Arbeit musste eingestellt werden.

Eines Tages, die Ordensbrüder saßen gerade beim Mittagstisch im Refektorium, scharrte es mit einem Mal an der Türe. Einer der Mönche erhob sich, öffnete neugierig die Tür und herein kam, auf seinen krummen Beinen, ein kleiner Dackel mit wedelndem Schwanz. Der Hund trug einen Beutel im Maul und lief flink zum Tisch, wo auf einem der Teller eine große Wurst lag.

Pfiffige, braune Knopfaugen blickten bettelnd in die Runde und erweichten das Herz eines Paters. Er gab dem Tier die Wurst. Der Dackel schnappte sich den Leckerbissen und ließ dabei den Beutel fallen. Es stellte sich heraus, dass das Leinensäckchen über und über mit Goldstücken gefüllt war. Die Mönche waren so überrascht über den Fund, dass sie den Dackel ganz vergaßen. Und als sich schließlich einer von ihnen suchend nach dem Tier umblickte, war dieses schon längst wieder verschwunden.

Es konnte nie festgestellt werden, von woher der Dackel gekommen und wohin er wieder entschwunden war. Mit dem Gold aus dem Beutel konnten die Mönche ihre Kirche fertig stellen. Dem Dackel ließen sie einen Gedenkstein meißeln, den sie an der Rückwand in eine Fensternische einmauerten.

18

Benediktinerstift Kremsmünster

Bezirk Kirchdorf an der Krems,
Oberösterreich

Hoch über dem Kremstal liegt eine der beeindruckends-
ten Klosteranlagen Altbayerns: ein ganzer Klosterdistrikt
mit sechs Innenhöfen.

Die ersten Mönche, die Kremsmünster besiedelten, kamen vermutlich aus dem oberösterreichischen Mondsee. Sie verhalfen
dem Kloster bald zu großer Blüte. 787 unterwarf sich Tassilo,
der Bayernherzog, gezwungenermaßen dem Frankenkönig Karl,
der sich ein paar Jahre später zu Karl dem Großen aufschwin-
gen sollte und der das Kloster Kremsmünster schließlich zur
Reichsabtei machte. Im 11. und 12. Jahrhundert entstand die
romanische Stiftskirche, die in den Jahren 1669 bis 1703 barockisiert wurde.

Im Stiftschank von Kremsmünster kommen Feinschmecker
auf ihre Kosten. Gleich daneben bietet der Stiftskeller Hoch-
prozentiges und Weine aus eigenem Anbau zum Kauf an.

Von Mai bis Juli finden in Kremsmünster Stiftkonzerte statt.

Sie können Ihren Ausflug hierher mit einem Besuch des Stifts
Lambach verbinden, das nur ca. 30 km entfernt liegt.

Das Stift Kremsmünster erreichen Sie über die A 8
München-Salzburg. In Salzburg geht es weiter auf der A 1
Richtung Wien, Ausfahrt Sattledt. Von dort aus fahren
Sie auf der Bundesstraße 122 nach Kremsmünster.

www.stift-kremsmuenster.at
www.kremsmuenster.at
www.kloesterreich.at

Einschüchternd liegt das Stift Kremsmünster, einem riesigen grauen Lebewesen gleich, auf einer natürlichen Terrasse über dem Flusslauf der Krems. Die Klosteranlage beherrscht die umliegende Landschaft wie kaum eine zweite und die Häuser des Marktes Kremsmünster scheinen sich am Fuße des Hügels ehrfurchtsvoll zu ducken.

Am besten stärkt man sich erst einmal in der Stiftsschänke, deren Speisekarte auch gleich auf den Gründer des Klosters hinweist: Wo sonst bekommt man einen ehrwürdigen Herzog als Wurst serviert? Das »Tassilowürstl« ist in jedem Fall eine Sünde wert.

Kremsmünster hat viel zu bieten. Eine Führung ist unabdingbar. Denn viele Kunst- und Kulturgegenstände, wie der sagenhafte Tassilokelch, das Zepter des Herzogs, umgearbeitet in zwei schmucke Leuchter, oder die seltenen Schriften in der Stiftsbibliothek sind auf eigene Faust nicht zu besichtigen, ganz zu schweigen von der außergewöhnlichen Gemäldesammlung. Doch selbst wer keine Zeit oder Lust hat, sich in professionelle Obhut zu begeben, kommt in Kremsmünster auf seine Kosten.

Im barocken Fischkalter ziehen Störe und Forellen, beäugt von hölzernen Hirschköpfen, ihre monotonen Kreise. Und im algenbedeckten Wassergraben, unter dem imposanten Brückenturm, treibt eine besorgte Entenmutter mit hektischen Flügelschlägen ihre Jungen zusammen. Die mächtige Sternwarte von Kremsmünster, jenseits des Grabens, das »erste Hochhaus Europas« aus der Mitte des 18. Jahrhunderts, soll als weltliches Gegenstück zu den Doppeltürmen der Stiftskirche dem Schöpfer huldigen. Von ihrer obersten Plattform aus offenbart sich ein grandioser Rundblick.

Doch der schönste Ausblick ist nichts gegen einen erhabenen Blick zurück in die Geschichte – gerade hier in

Kremsmünster. Gleich nach dem Betreten des Gotteshauses, das dem göttlichen Heiland und dem heiligen Agapitus geweiht ist, ruhen die sterblichen Überreste eines jungen Mannes im südlichen Läuthaus. Ein Gitter trennt uns von ihm.

Da liegt er, Tassilos Sohn, dahingerafft in der Blütezeit seiner Jugend, aus weißem Nagelfluh herausgeschlagen, bis in alle Ewigkeit erstarrt. Freilich, als der Künstler 1304 daran ging, dem verstorbenen Jüngling einen passenden Deckel für sein Hochgrab zu machen, war der Gunter schon über fünfhundert Jahre tot. Mit seinem langen blonden Haar und dem markant geschnittenen Gesicht hätte der adelige Sohn des Bayernherzogs sicher auch heute noch eine reelle Chance bei den Mädchen, vorausgesetzt, er hat wirklich so ausgesehen, was keiner weiß.

Mit dem Rücken zum Guntergrab sitzt ein alter Mönch in einer der hinteren Kirchenbänke. Sein Rollstuhl steht auf dem Mittelgang. Ganz versunken sitzt er da. Die Augen, hinter dicken Brillengläsern verborgen, blicken auf ein kleines Büchlein in seinen knochigen Händen. Er sieht nicht auf. Die wunderbaren Gobelins an den Mittelpfeilern – sie stellen die Geschichte des ägyptischen Josef dar –, die großen Gemälde über den Seitenaltären und all die anderen Kunstschätze, Reliquien und Fresken kennt dieser alte Mann sicher zur Genüge, sodass er sein Augenmerk auf das Wesentliche richten kann: auf Gott.

Draußen huschen seine Ordensbrüder über den Stiftshof. Überhaupt herrscht ein ständiges Kommen und Gehen: Eine grau melierte Schwester schäkert fröhlich mit einem jungen Mann. Lieferwagen halten vor der Gaststätte und vor dem Stiftskeller. Und hätte der August nicht über zweihundert Internatsschüler in die lang ersehnten

Sommerferien geschickt, Kremsmünster wäre erfüllt von Gelächter und jungen Stimmen.

Bis heute leben und wirken die Benediktiner fast ununterbrochen in Kremsmünster. Jedes Jahr am 11. Dezember wird der Stiftertag feierlich begangen. Dann kommt der Tassilokelch, einst Hochzeitskelch des Herzogs, aus seiner Vitrine und wird feierlich in die Kirche getragen. Es wird gemunkelt, dass im Zimelienraum lediglich eine Kopie des Kelches steht. Der echte Tassilokelch soll sich quasi unterm »Kanapee des Priors« befinden. Doch vielleicht fällt diese Behauptung ja auch in den Bereich der Legende, wer weiß! In früheren Zeiten wurden die Menschen an jenem Stiftertag mit Fleisch und Bier bedacht. So wurde sichergestellt, dass die Kirche zum Stifterrequiem auch bis zum letzten Platz gefüllt war. Dieser Brauch ist längst abgeschafft. Den Zauber eines alten, traditionellen Klosters, das mit seiner durchlebten Geschichte ein eindrucksvoller Zeitzeuge ist, hat sich Kremsmünster jedoch bis in unsere Zeit hinein bewahrt.

Wir schreiben das Jahr 777. Das Land um Kremsmünster, das Land des Bayernherzogs Tassilo, liegt unter einem dichten Waldteppich. Bären und Wölfe, Hirsche, Eber und Luchse gibt es in Hülle und Fülle und so nimmt es nicht wunder, dass sich Gunter, Tassilos junger, hoffnungsvoller Sohn, dieses Gebiet zur Jagd ausgesucht hat.

Der Tag bricht sonnig und viel versprechend durch das Geäst. Seit den frühen Morgenstunden sind Gunter und seine Gefährten schon auf den Beinen. Jetzt pirschen sie durch das Unterholz, den Speer griffbereit, die Sinne geschärft. Ohne es jedoch zu bemerken, entfernt sich der Herzogssohn immer weiter von den anderen, bis er sich urplötzlich mutterseelenallein im Tal der Krems wiederfindet. Dort scheucht er dann endlich einen gewaltigen Eber auf, dessen Verfolgung er sofort aufnimmt.

Gunter ist kein Hasenfuß – bei den Vorfahren! – und bald durchdringt sein Jagdspieß den braunen, schmutzigen Körper des riesigen Tieres. Der Eber, wütend und aufgebracht, wehrt sich mit aller Kraft. Seine rasenden Äuglein blitzen blutunterlaufen, das Maul geifert und schäumt; stinkender Atem, ein Pesthauch, legt sich über den Jäger. Dann, ein unachtsamer Augenblick im Kampf zwischen Mensch und Kreatur und Gunter fällt zu Boden. Der Eber hat ihm mit seinen Hauern eine klaffende Wunde ins Bein gerissen. Schnaubend und selbst schwer verletzt macht sich das Tier aus dem Staub. Gunter, der Stolz seines Vaters, sinkt kraftlos auf den Waldboden. Ein paar Stunden lebt er noch, dann geht es mit ihm zu Ende. Gunter verblutet.

Der Jagdhund des Jungen, bislang stiller Statist im Geschehen, brachte schließlich Gunters Freunde auf die Spur des Vermissten. Eiligst wurde ein Bote nach Lorch gesandt, wo Tassilo sich gerade aufhielt, um die traurige Nachricht vom Tod des Sohnes zu überbringen.

Gramgebeugt sank der Herzog wenig später neben der Leiche seines geliebten Kindes zu Boden. Und wie er da weinend, bis tief in die Nacht hinein, den jähen Tod des Jünglings betrauerte, trat plötzlich ein schneeweißer Hirsch aus dem Dunkel des Unterholzes hervor. Das ungewöhnlich große Tier trug in seinem Geweih rot glühende Flämmchen in Kreuzform, die das Szenario auf der kleinen Lichtung gespenstisch beleuchteten. So schnell, wie das mächtige Tier aufgetaucht war, war es alsbald auch schon wieder verschwunden.

Herzog Tassilo sah in der Erscheinung des St.-Hubertus-Hirschen – nur der konnte es gewesen sein – eine Mahnung des Himmels, seinem Sohn an der Stelle seines Todes ein Denkmal zu setzen. Zunächst entstand hier unter seiner Anweisung eine kleine, hölzerne Kapelle, die später in eine stattliche Kirche umgebaut wurde. Mit der Zeit wurde aus der Anlage ein Kloster.

19

Benediktinerstift Lambach
Bezirk Wels-Land, Oberösterreich

*Eine nackte Schönheit steht in engem Zusammenhang
mit einem der ältesten und einflussreichsten Stifte
Oberösterreichs.*

1056 wandelte der heilige Adalbero, Bischof von Würzburg, den
Stammsitz seiner Familie, die Burg der Grafen von Lambach-
Wels, in ein Benediktinerkloster um. Sechzehn Jahre zuvor hat-
te sein Vater, Graf Arnold II. von Wels-Lambach, dort bereits ein
Kollegiatstift für zwölf Weltpriester gegründet. 1233 wurde die
Abtei fast komplett zerstört. Genau zweihundert Jahre später,
nämlich 1433, weihte man, nach einem Umbau der romanischen
Kirche, die neue zweischiffige Hallenkirche ein. 1652 begann
man mit der Barockisierung der kompletten Anlage.
    Verbinden Sie Ihren Besuch in Lambach mit einem Ausflug
zum ca. 30 km entfernten Benediktinerstift Kremsmünster.

Sie erreichen Lambach über die A 8 München-Salzburg. Von
Salzburg aus geht es weiter auf der A 1 Richtung Wien,
Ausfahrt Steyrermühl. Von dort sind es noch ca. 17 km nach
Markt Lambach.

www.kloesterreich.at

Ob es sich der heilige Adalbero wohl hat träumen lassen,
dass sich aus seinem einfachen Kloster einmal eine solch
prächtige Anlage entwickeln wird? Doch es mussten wohl
erst ein paar hundert Jahre ins Land gehen und vor allem
fähige Äbte an der Spitze der Stiftung stehen, damit solch
ein Schmuckstück entstehen konnte.

Durch ein prachtvolles barockes Eingangsportal betritt man heute den Klosterhof. Im Sommer lassen blühende Oleanderstöcke in hölzernen Trögen im Stiftshof italienisches Flair aufkommen. Ein Arkadenhof, sonnig gelb verputzt, verstärkt das Gefühl von südländischer Lebenslust. Täglich, von Ostern bis Oktober, wird professionell durch die bestaunenswerten Räumlichkeiten des Klosters geführt. Absolutes Highlight: Ein romanischer Freskenzyklus aus dem 11. Jahrhundert im ehemaligen Westchor der Kirche.

Der freundliche Farbton der Außenwände setzt sich auch im Inneren der Stiftskirche Mariä Himmelfahrt fort: Cremiges Gelb von oben bis unten; dazu verleihen blitzende Kronleuchter dem Raum die barocke Leichtigkeit eines Festsaales. Der heilige Adalbero darf natürlich auch nicht fehlen. Seine sterblichen Überreste ruhen in einem Glasschrein auf dem linken Seitenaltar. In seiner ganzen Manneskraft können Sie ihn zudem auf der Deckplatte des Marmorhochgrabes begutachten. Sie ist in der Wand gegenüber der Kanzel eingelassen. Ein würdiger, geradezu majestätischer Bischof ist hier zu sehen, mit strengem Blick und aufrechter Haltung. Das wahre Aussehen des Klostergründers ist zwar nicht überliefert, doch der Künstler, der 1659 dieses Meisterwerk aus rotem Marmor schlug, hat sich redlich bemüht.

Im Kreuzgang des Stifts sind unzählige Mirakelbilder, die von der Wundertätigkeit des Heiligen zeugen, zu bewundern. Genauso bestaunenswert ist auch die Plastik eines barbusigen Mädchens, die in einer steinernen Nische im Klosterhof den Besucher überrascht. Flavia ist der Name dieser Holden. Sie streckt ihren bloßen Oberkörper aus einem roten Boot heraus und ziert das Wappen des Klosters – und das des Ortes.

Doch der Schein trügt. Flavia war kein leichtes Mädchen, sondern eine aufrechte Christin, und das zu einer Zeit, als die Lehre Jesu noch in den Kinderschuhen steckte und der heidnische Vielgötterglaube weit verbreitet war. Eine Frau mit unlauteren Absichten hätte auf einem Klosterwappen wahrscheinlich wohl auch keine Chance gehabt.

Um das Jahr 90 n. Chr. lebte Flavia mit ihrer Familie am Ufer des Attersees. Ihre Eltern waren reiche, vornehme Leute heidnischen Glaubens, die bei ihrer Tochter großen Wert auf eine gute Erziehung legten. Aus diesem Grund schickten sie ihr einziges Kind nach Rom, um ihr dort eine bessere Ausbildung zu gewährleisten.

Überraschung und Betroffenheit waren allerdings groß, als Flavia Jahre später in ihre Heimat zurückkehrte. Sie hatte in der ewigen Stadt die Lehren des Christentums empfangen und bekannte sich nun zu dieser neuen Heilslehre. Weder die Wutausbrüche des Vaters noch die hysterischen Heulkrämpfe der Mutter konnten das Mädchen von ihrem Glauben abbringen. Da flippte Flavias Vater total aus: Er riss seiner Tochter in rasendem Zorn die Kleider vom Leib, fesselte sie, bis sie sich nicht mehr rühren konnte, und schleppte dieses Bündel von Tochter hinunter zur Ager, einem Fluss, dessen reißende Fluten schon so manchen Kopf und Kragen gekostet haben.

Das hilflose Mädchen wurde in ein kleines rotes Boot verfrachtet. Dann kappte der Vater die Seile und Flavia trieb durch wirbelnde Strudel, vorbei an scharfen Felskanten, einem unbekannten Schicksal entgegen. Mehrmals dem Tod näher als dem Leben, hatte Flavia längst mit demselben abgeschlossen, als das Schiffchen endlich an einer seichten Stelle auf Grund lief. Genau hier, wo Ager und Traun zusammenfließen, weideten fette Schafe auf saftigen Wiesen. Da konnte ein Hirte und damit erlösende Hilfe nicht weit sein! Das vollkommen durchnässte Ding schrie sich die Lunge aus dem Leib, bis ein alter Schäfer endlich auf sie aufmerksam wurde. Er befreite Flavia aus ihrer misslichen Lage und nahm sie mit zu sich nach Hause.

Jahre gingen ins Land. Flavia lebte unbehelligt und in frommer Zurückgezogenheit in der Hütte ihres Retters. Mittlerweile war ihr Vater gestorben und die Mutter hatte sich endlich auf die Suche nach ihrer einzigen Tochter gemacht. Eines Tages klopften fremde Männer an der Tür der einfachen Hirtenkate und baten Flavia, in ihr Vaterhaus zurückzukehren.

Erst nach langen Diskussionen ließ sich die junge Frau dazu bewegen, zur Mutter heimzukehren, allerdings nur unter der Bedingung, dass sich das Land zum christlichen Glauben bekehre. Später kam sie noch oft zu dem alten Schäfer an den »Lammbach«, wo sie einst schutzlos an Land gespült worden war.

20

Ehemaliges Jesuitenkolleg, Landsberg am Lech

Landkreis Landsberg am Lech, Oberbayern

Nicht einmal der Teufel hat dem Charme dieser historischen Stadt etwas anhaben können, obwohl sich der Beelzebub hier einst hartnäckig hielt.

Als Stifter des Landsberger Jesuitenkollegiums gelten der Pfleger Graf Schwichardt von Helfenstein und dessen Gattin, die beide ehedem von der Landsberger Bürgerschaft einen großen Obstgarten auf dem Berg über der Stadt erstanden hatten. Dort oben entstand um das Jahr 1576 eine der frühesten deutschen Jesuitenanlagen überhaupt. Nachdem die alte Kirche zu klein geworden war, legte man 1752 den Grundstein für eine neue, die 1754 geweiht werden konnte.

Die Stadt Landsberg bietet sehr interessante Stadtführungen an. Wie wäre es mit einer »Historischen Wirtshausführung« oder mit einem musikalischen Stadtspaziergang. Auch das Thema »Auf ins Mittelalter« verspricht Spaß und Wissenswertes für die ganze Familie.

Sie erreichen Landsberg am Lech über die A 96 München-Lindau.

www.landsbergamlech.de

Die Stadt Landsberg am Lech mit ihren mittelalterlichen Toren, Häusern und Gassen scheint einem romantischen Bilderbuch entsprungen zu sein. Wie ein liebevoll restauriertes Schmuckkästchen präsentiert sie sich dem Besucher und die Bewohner wirken noch einen Tick freundlicher und aufgeschlossener als anderswo. Da ist es kaum zu glauben, dass einst der leibhaftige Teufel hinter den bürgerlichen Fassaden sein Unwesen getrieben haben soll. Erst durch das mutige Eingreifen eines beherzten Jesuiten kehrte der grausige Geselle der Stadt den Rücken.

Vorbei an grüßenden alten Frauen, die ihre silbergrauen Lockenköpfe aus ebenerdigen Fenstern strecken, führt der Weg vom Bayertor hinunter zu der von Ignaz Merani erbauten Kirche Heilig Kreuz mit ihren beiden haubengekrönten Türmen.

Vom Grundriss bis zur Innenausstattung hatten beim Neubau der Kirche die Jesuiten alle anfallenden Arbeiten selbst erledigt, nur die Fresken gestaltete damals der Augsburger Christoph Thomas Scheffler, der allerdings 1722 als Laienbruder dem Orden ebenfalls beigetreten war und der mit diesem seinem letzten großen Werk dem Betrachter ein beeindruckendes Feuerwerk an Farben und Details hinterlassen hat – und sich selbst ein würdiges Andenken. Manch kunstbeflissenem Auge mag die Farbgebung des Künstlers schreiend oder gar »derb« vorkommen, nichtsdestotrotz wirkt die Lebendigkeit der Figuren anziehender als so manche Predigt und nebenbei laden uns die Bilder auch noch in eine Welt voller fantastischer Geschichten ein.[21]

So trifft man, hoch oben über den Gebetsbänken, auf die rührige Kaiserin Helena bei der so genannten Kreuzesprobe, nach dem Auffinden des Heiligen Kreuzes. Und über dem Chor wird Kaiser Konstantin gleich siegreich aus der Schlacht an der Milvischen Brücke hervorgehen, unter dem Zeichen des Kreuzes, versteht sich. Wie ein roter Faden zieht sich das Kreuzthema über Decken- und Seitenwände.

Natürlich fehlt auch nicht, auf einem Fresko über einem der Seitenaltäre, der heilige Franz Xaver, der »Indienjesuit«, den seine missionarischen Tätigkeiten zu vielen entlegenen Orten Asiens geführt haben. Er missionierte unter anderem zwei Jahre lang unter den armen Perlfischern Südindiens (Kerala), bevor es ihn auf die Molukken verschlug. Später reiste er über Indien nach China, wo er am 3. Dezember 1552 auf der Insel Shangchuan bei Kanton verstarb. Das Fresko in der Kirche zeigt den fleißigen Jesuiten an einer tropischen Küste, einen »Indianer« in den Armen haltend.

Heute ruhen die Überreste des Heiligen in Indien, genauer in Old Goa, in einem reich verzierten silbernen Schrein in der von den Portugiesen erbauten Kathedrale Bom Jesu. Trotz des heißen, tropischen Klimas hat sich sein Leichnam erstaunlich gut erhalten. Lediglich ein Arm – der befindet sich mittlerweile im Besitz des Vatikans – und ein Zeh fehlen den hochverehrten Gebeinen, die mit schrumpeliger, brauner Haut überzogen sind. Den Zeh hat ihm übrigens eine gläubige Inderin abgebissen. Man erzählt sich, dass dabei frisches rotes Blut aus der Wunde gequollen sei. Das gute Stück ist bis heute verschwunden.

Während des Dreißigjährigen Krieges, Elend und Schrecken hielten die Stadt fest in ihren Klauen, hatte im so genannten Lechbaderhaus der Reichtum Einzug gehalten. Gold und Edelsteine, blitzendes Geschmeide und harte Münzen lagerten dort sicher verwahrt. Woher diese Schätze kamen, ist nicht überliefert. Vielleicht hatte der Lechbader ja krumme Geschäfte betrieben oder die Schweden lagerten auf ihrem Beutefeldzug durch Bayern das Zeugs kurz einmal zwischen, um ohne Ballast weiterziehen zu können.

Nutzen hatte von all dem Geld und Gold jedenfalls keiner, denn kein Geringerer als der Herr der Unterwelt selbst, saß mit seinem schwefeldampfenden Hintern wie fest gewachsen auf dem glitzernden Haufen, sodass niemand mehr Zugriff auf den Schatz hatte und die Stadt langsam in ihrer Not versank.

Seit Wochen schleppten sich die Landsberger nur noch mühsam durch ihre einst so schöne Stadt, immer auf der Hut, immer voller Angst und Schrecken. Niemand wusste, ob nicht vielleicht noch immer berittene Horden aus dem hohen Norden auf dem Weg hierher waren. Die Schweden hatten das blühende Landsberg in eine Geisterstadt verwandelt. Häuser waren zerstört, Frauen vergewaltigt und Männer zu Tode gefoltert und malträtiert worden. Tod, Hunger und bittere Not waren nach Landsberg gekommen.

Da schwirrte mit einem Mal hartnäckig das Gerücht vom Schatz im Lechbaderhaus durch die Gassen der Stadt. Den Lechbader selbst hatte man schon lange nicht mehr zu Gesicht bekommen. Vielleicht war er von den Schweden verschleppt oder umgebracht worden? Also beschloss man, den Schatz zu heben und gerecht unter den Bürgern zu verteilen.

Doch als sich ein paar Tage später eine Hand voll Männer, angetan mit allerhand Werkzeug und schwerem Gerät, Zugang zum fest verschlossenen Haus verschaffen wollten, erscholl aus dessen Inneren ein grauenhaftes Geheul. Entsetzt stob die Menge, die bis dato jeden Handgriff der Männer voller Freude registriert hatte, auseinander. Nach hitzigen Diskussionen fasste sich ein mutiger junger Landsberger ein Herz und linste vorsichtig durch die von Staub und Spinnweben verdreckten Fenster. Was er sah, ließ ihn für den Rest seines Lebens verstummen: Luzifer, der Leibhaftige, saß geifernd und groteske Faxen machend auf dem Lechbaderschatz.

Da war guter Rat teuer. Ein Priester musste her. Wer sonst konnte es mit dem Teufel aufnehmen? Das Jesuitenkloster lag nicht weit und nachdem man dem eiligst herbeigerufenen Mönch aufgeregt erklärt hatte, wer sich da einen fiesen Spaß mit den Bürgern der Stadt trieb, fackelte der Geistliche nicht lange herum. Mithilfe eines Bannspruchs verschaffte er sich Zutritt zum Haus und es gelang ihm sogar den Schatz ins Kollegium abtransportieren zu lassen.

Den Teufel konnte er jedoch nicht loswerden. Der saß kreuzfidel, in Gestalt eines schwarzen Pudels, mit auf dem Fuhrwerk, ließ seine feurigen Augen kreisen und schaute im Ganzen recht grimmig und gefährlich drein. Es vergingen Tage, ja Wochen, der teuflische Hund klebte wie Pech auf dem Goldberg und rührte sich keinen Zentimeter. Erst nach langen Exorzismen räumte Luzifer das Feld und verließ mit einem lauten Knall und mitten durch die Wand die heiligen Stätten des Klosters.

Das gewaltige Loch, das er ins Mauerwerk gerissen hatte, klaffte noch jahrelang wie eine Wunde im Klostergemäuer. Erst nach 1800 wurde es zugemauert, da hatten die Jesuiten längst das Kolleg verlassen – 1773 war der Jesuitenorden in Bayern aufgehoben worden –, und die Malteser hatten im Kloster Einzug gehalten. Heute fühlen sich Senioren in den ehemaligen Kollegbauten wohl.

21

Zisterzienserinnenabtei Seligenthal, Landshut

Stadt Landshut, Niederbayern

In ein Tal der Seligen entführt Sie dieses Kapitel zwar nicht, aber eine große, beneidenswerte Liebe hält Einzug auf diesen Seiten.

Ein Jahr nach dem gewaltsamen Tod ihres Mannes, Herzog Ludwigs I. von Bayern, stiftete seine Witwe Ludmilla 1232 ein Kloster zu seinem Gedächtnis. Ein von Bächen umflossenes Gelände, jenseits der beiden Isararme, wurde zum Bau des Klosters ausersehen, das anfangs den Namen Marienkloster trug. 1259 weihte der Bischof von Chiemsee die romanische Klosterkirche. Bis ins 16. Jahrhundert hinein diente das Gotteshaus als Grablege des Herzoghauses. Im Jahr 1732 begann man mit dem großen Umbau der Klosterkirche, der bereits 1734 abgeschlossen werden konnte.

Wollen Sie das Klosterleben einmal hautnah miterleben? Die Zisterzienserinnen von Seligenthal bieten Ihnen hierzu unter dem Motto »Mitleben im Kloster« die Gelegenheit.

Die schöne Stadt Landshut erreichen Sie über die A 92 München-Deggendorf, Ausfahrt Landshut-Nord. Von dort aus weiter auf der B 299. Innerhalb der Stadt ist der Weg zur Abtei ausgeschildert.

www.seligenthal.de

Lautes Stimmengewirr erfüllt den großen Hof. Die Fenster des sattgelb gestrichenen Gebäudes stehen weit offen. Giggelnd und gackernd stehen Jungs und Mädchen in kleinen Trauben beisammen – die Schule ist aus.

Wer eine der Lehranstalten besucht, die von den Nonnen von Seligenthal betrieben werden, schwitzt in einem geschichtsträchtigen Gebäude über seinen Büchern, denn die Klosteranlage blickt auf eine lange, bewegte Geschichte zurück. Alles begann mit dem schrecklichen Mord an dem Wittelsbacher Herzog Ludwig I. von Bayern. Der stand im Streit zwischen Papst Gregor IX. und Kaiser Friedrich II. auf der Seite des Papstes – so vermutet man jedenfalls. Es heißt, dass Ludwig im Jahr 1227 die Verhängung des Kirchenbanns über den Kaiser mit betrieben habe. Ein paar Jahre später war Herzog Ludwig I. tot; hinterrücks erdolcht auf der Donaubrücke von Kelheim.

Heute umfließt der Stadtverkehr die Abtei und der Name Seligenthal (seit 1249) ist weit über die Landesgrenzen hinaus bekannt. Der schönen Ludmilla verdanken wir nicht nur dieses historische Kleinod, sondern im Grunde auch unsere beliebten blau-weißen Rauten in der Landesflagge. Die edle Dame war nämlich vor ihrem Ludwig schon einmal verheiratet gewesen, und zwar mit dem letzten Grafen von Bogen, mit Albert III., dessen Familie die Rauten im Wappen führte. Die Bogener und die Wittelsbacher waren eigentlich immer Konkurrenten gewesen und so muss es unserem Ludwig gut in den Kram gepasst haben, mit dieser Heirat neben der großen Donaugrafschaft der Grafen von Bogen auch noch das Rauten-Wappen zu bekommen. Bayern ist heute ohne dieses Blauweiß kaum mehr denkbar.

Während der Bauzeit des Klosters hatten die Ordens-frauen – so nimmt man an – die Afrakapelle als Kirche be-nutzt; sie bildet das Kernstück der Anlage und ist das älteste Gotteshaus Landshuts. In jener Kapelle stehen heute noch die so genannten Stifterfiguren aus der ersten Hälfte des 14. Jahrhunderts, die beiden Protagonisten dieses Kapitels: Herzog Ludwig I., der Kelheimer, wie man ihn nach seinem Tod nannte, und Ludmilla, die Toch-ter des Herzogs Friedrich von Böhmen. Da die Afrakapelle für Besucher leider nicht zugänglich ist, bleibt nur, sich in den Genuss der »künstlerischen Vornehmheit der Abtei-kirche, an der Architektur und Dekoration gleichmäßig teilnehmen«,[22] zu begeben.

Im hinteren Teil der Kirche empfangen den Besucher die lachenden Gesichter der Zisterzienserinnen von heute, die sich und ihr Leben auf einer Fotowand dem Interessierten nahe bringen möchten. Da erfahren Sie dann zum Beispiel, dass die Ordensschwestern bereits um 5.30 Uhr aus den Federn hüpfen. Den Frauen scheint dies gut zu bekom-men, denn es lächeln ausnahmslos glückliche und zufrie-dene Gesichter von den Fotos.

Das Gotteshaus selbst atmet trotz des barocken Am-bientes eine gewisse Schlichtheit, was sicher im Sinne der Nonnen liegt. Diese Bescheidenheit tut dem Auge gut und das Erkennen von Details fällt leichter. Johann Baptist Zimmermann hat hier ganze Arbeit geleistet und mit sei-nen Fresken und Stuckarbeiten den hohen, lichtdurch-fluteten Raum in ein farbenfrohes Fest zu Ehren Gottes verwandelt. Trotzdem wirkt nichts überladen oder gar pompös.

Neuerdings gibt es einen tollen Comic über die Geschichte der Stadt Landshut, in dem auch die Liebesgeschichte von Ludwig und Ludmilla in lustigen Bildern dargestellt wird.[23]

Demnach ritt Ludwig eines Tages vom Falkenfelsen bei Bogen auf schnellstem Wege zurück nach Kelheim. Er war sich nicht schlüssig gewesen, ob er nun tatsächlich eine neue Stadt gründen sollte, welche die Macht der Wittelsbacher eindeutig stärken würde. Die Berater des Herzogs waren gegen diesen Plan gewesen und so beschloss Ludwig einen Eremiten im Bayerischen Wald aufzusuchen, um per Weissagung Klarheit in die Angelegenheit zu bringen. Die Visionen des alten Mönchs sind für diese Geschichte Nebensache – wie jeder weiß, wurde Landshut letztendlich im Jahr 1204 gegründet.

Doch Ludwigs Ritt nach Hause dürfen wir in keinem Fall verpassen. Da lief ihm nämlich ein böser Bär über den Weg. Und vor dem schrecklich brüllenden Tier rannte die schönste Frau, die Ludwig je gesehen hatte. Er rettete die schöne Blondine, die mittlerweile in Ohnmacht gefallen war, gerade noch rechtzeitig vor dem Ungeheuer und brachte sie zurück auf ihre Stammburg nach Bogen. So weit zur Geschichte aus dem Comic. Ob diese Begegnung der beiden im Wald tatsächlich so überliefert ist, das weiß niemand. Aber irgendwo müssen sich die zwei ja mal über den Weg gelaufen sein, warum also nicht dort?

Beginnen wir mit dem Teil der Sage, den tatsächlich schon die Minnesänger vor vielen hundert Jahren ihrem gespannten Publikum vortrugen: Ludmilla, vierunddreißig Jahre alt, hochehrbar und »gut erhalten«, empfing nun häufig den liebestollen Ludwig, der übrigens einige Jahre jünger war als sie selbst. Orientiert man sich am Aussehen seiner Stifterfigur in der Afrakapelle, war er ein ansehnlicher Mann, mit dunkler Lockenpracht und schwarzem Vollbart.

Die beiden saßen stundenlang in Ludmillas Kemenate und sprachen über Gott und die Welt. Trotz Ludwigs offensichtlichem Verlangen kamen sich die zwei jedoch körperlich nicht näher. Da war Ludmilla eisern. Schließlich hatte sie ein paar Heilige in der Verwandtschaft – die heilige Elisabeth, die heilige Hedwig und den heiligen Leopold – und wollte den Ruf ihrer Frömmigkeit nicht leichtsinnig aufs Spiel setzen. Fazit: Ohne Heirat keinen Kuss. Der stattliche Kelheimer zögerte seinerseits immer wieder ein Eheversprechen hinaus, obwohl seine Leidenschaft lichterloh brannte. So blieb Ludmilla nichts anderes übrig, als nun ihrerseits einen kleinen, raffinierten Trick anzuwenden.

Als ihr Galan wieder einmal zu Besuch war, gab sie ihm zu verstehen, dass sie diesmal einem kleinen Techtelmechtel nicht abgeneigt sei, unter einer Bedingung: Nur wenn Ludwig vor einem bestickten Wandteppich ihr die ewige Treue schwören würde, sei sie bereit, ihr keusches Getue aufzugeben. Auf besagtem Teppich prangten, fein säuberlich aufgestickt, drei lebensgroße Ritter. Ludwig, nichts Böses ahnend, kniete nieder und sprach feierlich sein Eheversprechen. Da teilte sich der Wandteppich und heraus traten drei echte Ritter aus Fleisch und Blut – Ohrenzeugen quasi. Der Herzog war geschockt und als er endlich seine Fassung wieder erlangt hatte, machte er auf dem Absatz kehrt und rauschte davon.

Ein ganzes Jahr lang ließ sich Ludwig auf Ludmillas Burg nicht mehr blicken, dann siegte die Liebe über den verletzten Stolz. Im Oktober 1204 fand endlich die Hochzeit der beiden in Kelheim statt und die zwei wurden bestimmt recht glücklich miteinander.

22

Ehemaliges Augustiner-Chorherrenstift Indersdorf, Markt Indersdorf

Landkreis Dachau, Oberbayern

In Markt Indersdorf besuchen wir einen braven Mönch, der für Not leidende Menschen zum Dieb wurde und trotzdem in den Himmel kam.

Um 1120 wurde das Kloster durch den Pfalzgrafen Otto von Scheyern-Wittelsbach errichtet. Otto sühnte mit dieser Gründung für die Teilnahme am Kriegszug des Kaisers Heinrich V. im Jahr 1111 nach Rom. 1128 wurde die Stiftskirche geweiht. Nach einem vernichtenden Brand 1264 wurde die Anlage neu aufgebaut. Es entstand eine dreischiffige Basilika, die im Kern heute noch erhalten ist. Um 1711 begann man mit dem Neubau der Kirche Mariä Himmelfahrt, die unter dem Propst Gelasius Morhardt (1748–1769) ihr heutiges Gewand erhielt.

In der näheren Umgebung von Markt Indersdorf gibt es viele schöne Wanderwege.

Markt Indersdorf ist über die A 8 München-Nürnberg zu erreichen, Ausfahrt Dachau/Fürstenfeldbruck. Von dort fahren Sie weiter auf der B 471 nach Dachau. In Dachau weist die Beschilderung weiter nach Markt Indersdorf.

www.indersdorf.de

Zwei schlanke, gelb getünchte Kirchtürme ragen in einen wolkenlosen, tiefblauen Himmel. Um die Kirchturmspitzen flattern kreischend zwei Raben und der wildromantische Friedhof explodiert förmlich in den prächtigen Farben des Herbstes. Das Kloster von Markt Indersdorf ist eine Augenweide und, wie sich schnell herausstellt, nicht nur von außen.

Ein üppig ausgestattetes Kirchenschiff erwartet den Besucher im Inneren. Durch bleiverglaste Butzenscheibenfenster wirft die Sonne goldgelbe Strahlen in den hohen Raum; fast scheint sie mit den großen Figuren, die den Hochaltar flankieren, Schabernack zu treiben.

An der rechten Seitenwand, im vorderen Teil der Kirche, hängt ein Gemälde des Stifters, eines stattlichen und gut aussehenden Edelmannes. Pfalzgraf Otto galt zu seiner Zeit als ein »Mann, der mit erschreckender Härte seinen Willen durchsetzte«. Der Historiker Ludwig Schott bezeichnet ihn zudem als »tüchtigen, aber eisenharten Vertreter seiner Familie«.[24] Mit durchdringenden Augen blickt er aus seinem Rahmen auf den Besucher herab.

Hoch oben an der Decke kann man ihn dann noch einmal bewundern, den Pfalzgrafen. Prächtig angetan mit einem bestickten Mantel, das fein geschnittene Gesicht von einem lockigen Bart bedeckt, deutet er huldvoll auf den Grundriss des Klosters. Der Augsburger Hofmaler Matthäus Günther hat die wunderbaren Fresken Mitte des 18. Jahrhunderts gestaltet – und sich gleich selbst mit verewigt:[25] In einer Seitenkapelle der Kirche, der so genannten Rosenkranzkapelle, schwebt er über unseren Köpfen. An seiner markanten Nase ist er leicht zu erkennen, die ist nämlich ungewöhnlich groß und platt, als hätte unser Meister früher gerne die Fäuste spielen lassen.

Ein kleines Ölgemälde, an einem der Pfeiler im Gotteshaus, weist auf eine alte Legende hin. Auf dem Bild begegnen wir dem braven Laienbruder Maroldus, wie er demütig vor einem Marterl kniet. Im Hintergrund erkennt man die dicken Mauern des Klosters. Und am rechten Bildrand das Strassbacher Siechhaus, dessen Insassen in der folgenden Geschichte eine nicht ganz unwichtige Rolle gespielt haben.

Früher lag das Kloster einsam inmitten von Wiesen und Wäldern. Die Wege waren beschwerlich, das Land kaum besiedelt. 1126, sechs Jahre nach der Klostergründung, bezogen die Augustiner-Chorherren das Stift. Unter ihnen muss auch besagter Maroldus gewesen sein, ein frommer, arbeitsamer Laienbruder, der bald zur Betreuung der Armen und Kranken eingesetzt wurde. Tagein, tagaus machte sich Maroldus auf den Weg ins nahe gelegene Strassbach, was täglich mehrere Kilometer Fußmarsch bedeutete, um sich im Siechhaus um die Bedürftigen kümmern zu können.

Kurz vor Strassbach steht heute noch ein leicht ramponiertes Marterl am Straßenrand. Zu Maroldus' Zeiten befand sich an jener Stelle ein Kreuz, wo der brave Mann regelmäßig Rast machte. Dort stellte er ächzend seinen gut gefüllten Korb nieder, beugte demütig Haupt und Knie und betete still zu Gott.

In jenen frühen Zeiten waren die Tafeln der Chorherren meist reichlich gedeckt, oft blieben Speisen übrig – manchmal Brot, auch Wein und andere Köstlichkeiten –, die Maroldus dann in seinem Korb zu den Kranken trug. Freilich tat er dies ohne die Genehmigung des Propstes. Der hätte ihm mit Sicherheit die Leviten gelesen, hätte er davon gewusst.

In einem Buch über mittelalterliche Tafelfreuden kann man interessante Einblicke in die damalige Klosterküche gewinnen,[26] zum Beispiel wurde ein so genanntes »Mous vonn Vischen«, eine Art Fischbrei, zubereitet. Dazu wurde ein Kilo Fisch – meist waren es eine Forelle oder ein Hecht, eine Schleie oder ein Zander – gewaschen und gehäutet und das Fleisch von den Fischabfällen getrennt. Die Abfälle wurden dann, mit Kräutern und etwas Salz, zu einem Sud verkocht. Währenddessen weichte man Weißbrotscheiben in gekochter Mandelmilch ein. Dann drückte man eine Hand voll gekochten Reis, das Weißbrot und das Fischfleisch durch ein grobes Sieb in den Fischsud und kochte das Ganze unter ständigem Rühren und der Zugabe der Mandelmilch noch einmal auf. Zum Schluss ließ man den Brei eindicken – fertig.

Doch zurück ins Kloster nach Indersdorf. Mit der Zeit schöpfte der Propst doch Verdacht und schnell hatte er Maroldus im Visier. Eines Tages erwartete er den hilfsbereiten Bruder am Wegkreuz vor Strassbach, um ihn zur Rede zu stellen und den armen Kerl des Diebstahls zu überführen.

Als der Propst nun zornig den Korb aus Maroldus' Händen riss und ihn öffnete, fand er jedoch nur Lauge, die zum Säubern der Siechen benutzt wurde, und Holzspäne fürs Feuer. Maroldus, total verängstigt und eingeschüchtert ob des Wutausbruchs seines »Chefs«, gestand – trotz der wundersamen Verwandlung von Wein in Lauge und

Brot in Späne – seine Verfehlung und gelobte, nie wieder zu stehlen. Der Propst, durch und durch ein Mann Gottes, erkannte nun endlich das Wunder, das sich vor seinen Augen abgespielt hatte, und so erlaubte er Maroldus, weiterhin Gaben in das Haus der Siechen zu bringen.

Ein Jahr später ereilte Maroldus am Kreuz nach Strassbach der Tod. Mit seinem letzten Atemzug fingen die Glocken des Klosters, wie von Zauberhand, von allein an zu läuten. Sie hörten nicht mehr auf, bis die Mönche den Leichnam gefunden hatten.

23

Benediktinerabtei Metten

Landkreis Deggendorf, Niederbayern

*Ein gekonnter Wurf mit der Axt entschied einst
über die Gründung dieses wunderschönen Klosters
am Flusslauf der blauen Donau.*

Um das Jahr 766 wurde im Übergangsgebiet von der Donau-
ebene zu den hügeligen Ausläufern des Bayerischen Waldes ein
kleines Kloster gegründet. Kein anderer als Karl der Große soll
dabei seine adeligen Finger mit im Spiel gehabt haben. Im 10.
Jahrhundert erlosch das Kloster; im 12. Jahrhundert wurde es
neu besiedelt. Nach einem verheerenden Brand 1236 wurde die
wieder aufgebaute Kirche 1274 geweiht. 1712 begann man mit
der Barockisierung der Klosterkirche. 1729 konnte das Glanz-
stück dann feierlich geweiht werden. Im Zuge dieser Neuaus-
stattungen erhielten auch die bemerkenswerte Klosterbibliothek, vor allem durch den Freskenmaler Innozenz Waräthi, und
der Festsaal ihr besonderes Gewand.
   Es lohnt sich, eine der interessanten Führungen mitzumachen.
   Ganzjährig finden Konzerte im Kloster statt. Und wer Lust
hat, kann eine Zeit lang Klosterleben schnuppern und »Mitleben im Kloster«.

Fahren Sie auf der A 92 München-Deggendorf bis zum
Autobahnkreuz Deggendorf. Dann weiter auf der A 3
Richtung Regensburg, Ausfahrt Metten.

www.kloster-metten.de

Wohl geformt und mit reizvollen Rundungen, wie eine pralle Schönheit aus längst vergangener Zeit, schmiegt sich die Mettener Abteikirche an die Ausläufer des Bayerischen Waldes, nur einen Katzensprung von der Donau entfernt. Zwei mächtige Zwiebelhauben krönen die beiden Türme. Zwischen ebenjenen Doppeltürmen erhebt sich, mutig und goldflammend, der Erzengel Michael in den Himmel. Mit erhobenem Haupt und gezücktem Schwert triumphiert er über den Höllenfürsten, der sich elend und feige unter dem blitzenden Fuß des Heiligen windet.

Durch ein Spalier gusseiserner Kreuze – die Brüder des Ordens liegen hier begraben – betritt man das mächtige Gotteshaus, um sich zunächst in einer niedrigen Vorhalle wieder zu finden. Achten Sie auf das unheimliche Echo, das Ihre Schritte auf den alten Steinfliesen unter dem tief hängenden Gewölbe hervorrufen; hohl und sonderbar klingt das. Da nachweislich kein unsteter Geist im ehrwürdigen Gemäuer spukt, kann man getrost die Vorhalle hinter sich lassen und das lichtdurchflutete Kirchenschiff betreten.

Von der ursprünglichen karolingischen Kirche, der späteren romanischen Basilika, geschweige denn von dem gotischen Umbau des Gotteshauses ist nichts mehr zu sehen – oder besser, für ein ungeübtes Auge ist nur mehr wenig zu erkennen. So taucht man heute ein in die glanzvolle Zeit des Barock und bewundert einmal mehr das Werk namhafter Künstler dieser Ära, wie zum Beispiel die Fresken des Cosmas Damian Asam, der auch in Metten seiner Farbpalette alles abnötigte, um ein weiteres Kunstwerk der Superlative zu schaffen.

Nach dem Verlassen des Gotteshauses lädt die schöne

Anlage zu einem kleinen Spaziergang. Über den großen Klosterhof schrillt penetrant die Schulglocke des Gymnasiums und zerreißt die andächtige Stille. Kaiser Karl der Große auf seiner Brunnensäule bleibt angesichts des Lärms ganz gelassen und für die vielen jungen Gesichter, die jetzt aus den geöffneten Fenstern der Schule schauen, hat er auch keinen Blick übrig. Schade, dass er dem prachtvollsten Gebäude im Hof den Rücken kehrt; es würde sein Herrscherherz sicher höher schlagen lassen. Denn obwohl aus einer anderen Epoche als dieser mächtige Mann, ist der Festsaal des Klosters Metten einem Kaiser durchaus würdig.

Die Gründung des Klosters Metten geht indirekt auf einen Priester namens Gamalbert oder Gamalbertus zurück: Dieser brave Mann mit dem sonderbaren Namen entstammte einer edlen Adelsfamilie aus Buch in Niederbayern. Genaues weiß man über den später Seliggesprochenen nicht. Im Gegenteil, die Überlieferungen sind äußerst spärlich. Vor 944 soll er gelebt haben. Und anstatt das vom Vater vorgesehene Kriegshandwerk zu erlernen, hütete Gamalbert lieber das Vieh auf der Weide.

Einer Legende zufolge war ein seltsames Ereignis der Auslöser für Gamalberts weiteren Lebensweg. Eines Tages war er im lauen Nachmittagslüftchen unter einem Baum eingeschlafen. Das Vieh lag wiederkäuend im saftigen Gras, Bienen summten, das Leben hätte nicht schöner sein können. Da erwachte der Hirte plötzlich von einem eigenartigen Gewicht auf seinem Herzen. Als er die Augen aufschlug, sah er, dass ein aufgeschlagenes Buch – allesamt belehrende Texte aus der Heiligen Schrift – seinen Körper bedeckte. Gamalbert sah dies als ein Zeichen Gottes an und wurde Priester.

Als der Vater starb, erbte Gamalbert das zu Buch gehörige Gebiet samt Kirche – Michaelbuch. Fünfzig Jahre lang lebte der Priester ein gottgefälliges Leben, bis er sich, im damals biblischen Alter von weit über sechzig Jahren, aufmachte, um nach Rom zu pilgern.

Auf seinem Weg durch Italien wurde der Priester von einem Knaben angebettelt. Aber anstatt dem Quälgeist ein paar Münzen zuzustecken, lehrte ihn Gamalbert das Christentum. Am Ende taufte er gar das bekehrte Bürschchen. Er bat Utto, so hieß der Knabe, ihn später einmal in seiner Heimat zu besuchen, gemahnte die Eltern, ihren Sohn immer fromm zu erziehen, und machte sich dann wieder auf die Socken gen Rom.

Nach vielen Jahren erinnerte sich Utto – er war zu einem stattlichen jungen Mann herangewachsen – an sein Versprechen, den alten Gamalbert in Bayern aufzusuchen. Seine Reise gen Norden dauerte Monate und als er Michaelbuch endlich erreichte, fand er seinen geistigen Mentor auf dem Sterbebett. Gamalbert ernannte Utto noch zum Priester, tags darauf starb er in dessen Armen. Utto blieb in Bayern, zog sich tief in den Wald zurück und lebte dort in einer windschiefen Behausung ganz für den Allmächtigen.

Einige Monate gingen ins Land. Utto hatte sich in seiner ärmlichen Klause, mitten im dichten Wald, leidlich eingerichtet. Eines Abends kam er müde und abgearbeitet nach Hause. Die letzten Sonnenstrahlen brachen gerade durch das Blätterdach, als sich der Priester auf den Boden kniete, um zu beten. Da schoss mit einem Mal eine Meute Hunde aus dem Dickicht, dicht gefolgt von einer illustren Jagdgesellschaft, allesamt Edelleute. Ihnen voran, auf einem mächtigen Schimmel, Karl der Große. Die Jäger hatten sich im Wald verirrt und fanden sich nun plötzlich vor Uttos schäbiger Hütte wieder.

Als Karl sich auf der idyllischen Lichtung umsah, entdeckte er eine Axt, die direkt neben der Behausung des Mannes, der noch immer vor ihm auf dem Boden kniete, scheinbar in der Luft hing. Zuerst dachte er, dass das Werkzeug an einem Ast baumelte, doch weit gefehlt: Utto hatte die Axt an einem durch das Laub fallenden Sonnenstrahl aufgehängt.

Ergriffen von diesem Wunder, näherte sich der Herrscher dem einfachen Einsiedler in der braunen Kutte. Utto warf sich ihm zu Füßen und bat Karl den Großen inständig, an diesem schönen Ort ein Kloster errichten zu dürfen. Klar, dass Karl gleich Feuer und Flamme war. Er versprach Utto, dort ein Kloster zu bauen, wo die Axt niederfallen werde. Der Priester packte das Beil mit beiden Händen und schwang es bedrohlich über seinem Kopf, dann ließ er los. Mit unglaublicher Wucht bohrte sich die scharfe Klinge in das dicke Holz einer riesigen Eiche.

So entstand das berühmte Kloster Metten, in dem Utto – angeblich ab dem Jahr 801 – das Amt des ersten

Vorstehers innehatte. (Sein Abtstab, der so genannte Utto-Stab, befindet sich heute noch im Besitz des Klosters.) Aber immer noch unklar ist, wo sich der mächtige Mann und der fromme Einsiedler einst trafen. Manche behaupten, genau an dem Ort, wo heute das Kloster seine Zwiebelhauben dem Himmel darbietet. Andere wiederum glauben, dass das Treffen im Ort Uttobrunn stattgefunden hat.

24

Ehemaliges Benediktinerstift Mondsee

Bezirk Vöcklabruck, Oberösterreich

Der idyllisch gelegene Mondsee lockt mit traumhafter Landschaft zu jeder Jahreszeit.

Zum wiederholten Mal geht die Gründung eines Klosters auf das Geschlecht der Agilolfinger zurück. Herzog Odilo II. soll in seinem Sterbejahr 748 das Kloster »Maninseo« auf einem ehemals römischen Siedlungsplatz gestiftet haben. Im 15. Jahrhundert entstand eine gotische Basilika, die sich, noch weitgehend erhalten, hinter einer schönen Barockfassade verbirgt. 1791 wurde das Kloster Mondsee aufgehoben; seither werden die Räume des »Schlosses«, wie das ehemalige Stift heute genannt wird, anderweitig genutzt.

Absolut sehenswert ist das Museum. Es zeigt, neben einer Pfahlbauten-Ausstellung, den Betchor der Mönche, die ehemalige Benediktuskapelle (heute Eingangsraum) und als besonderes Highlight: die einzige noch erhaltene gotische Klosterbibliothek Österreichs. Freilich ohne Bücher, aber mit einem netten Wärter, der auf jede Frage eine Antwort weiß.

Verbinden Sie Ihren Besuch in Mondsee mit einem Abstecher zur Kirche St. Wolfgang am Wolfgangsee. Die Ausstattung dieser Kirche ist unglaublich schön, besonders der spätgotische Schnitzaltar von Michael Pacher.

Sie erreichen Mondsee über die A 8 München-Salzburg.
Von Salzburg aus geht es weiter auf der A 1 Richtung Wien.
Sie verlassen die Autobahn bei der Ausfahrt Mondsee.

www.mondsee.at

Inmitten eines quirligen Touristenorts erhebt sich die Fassade der ehemaligen Stiftskirche Mondsee mit ihren hellgelben Doppeltürmen in einen strahlend blauen Himmel. Es ist Mittagszeit, die Gastwirte servieren frischen Fisch aus dem See, die Tische vor den Restaurants sind voll besetzt.

Den Überlieferungen nach starb der Vater Tassilos III. bereits am 18. Januar 748, da waren ihm also nur gute zwei Wochen geblieben, diese neue Mönchsniederlassung zu gründen. Wie dem auch sei, noch ist kein anderer Klostergründer auf den Plan getreten, außerdem war Odilo doch ein geübter Klosterstifter, dem eine achtzehntägige Neugründung durchaus zuzutrauen ist.

Die Mönche, die das neue Kloster mit Leben erfüllen sollten, kamen vermutlich aus St. Peter in Salzburg und binnen kurzer Zeit erlebte Mondsee seine erste große Blütezeit. Dann, später, nach der Ernennung des Klosters zur Reichsabtei durch den Frankenkönig Karl den Großen folgten Brandschatzung, Neubauten, Umbauten, Brände und Reformen, kurz: Die Geschichte nahm ihren Lauf.

Unter einem schönen alten Netzrippengewölbe verlieren sich die vielen Besucher der heutigen Pfarrkirche St. Michael fast im dämmrigen Dunkel des Raumes. Die Ausstattung des gotischen Kirchenraums wurde dem Barockzeitalter angeglichen und glänzt in vielen Braun- und Goldschattierungen. Der viel gerühmte Künstler Meinrad Guggenbichler hat durch die Gestaltung mehrerer Altäre und der Kanzel dem Gotteshaus seinen Stempel aufgedrückt – seine bildhauerischen Leistungen zählen zu den genialsten und reifsten der Barockkunst.

Ein wunderschöner Hochaltar hebt sich wohltuend schlicht von den vielen anderen Kunstwerken dieser pompösen Epoche ab; Tassilo und Odilo haben auf ihm, als so genannte Schreinwärter, ehrenvolle Plätze eingenommen; und dem Skelett des Abtes Konrad II. liegen lässig zwei Katakombenheilige zu Füßen. Konrad lenkte die Geschicke Mondsees von 1127 an. Im Jahr 1145 wurde er von den so genannten Herren von Pulling erschlagen, weil er während seiner Amtszeit entfremdetes Klostergut resolut zurückforderte.

Der Legende nach legten die Mörder den Leichnam des Abts auf ein Brett und schleppten dieses zu einer abgelegenen Hütte. Nachdem sie Konrad in der alten Kate abgelegt hatten, entzündeten sie ein Feuer, um so alle Spuren ihres Verbrechens zu tilgen. Doch die prasselnden Flammen fraßen sich nur durch das Holz und verwandelten die Hütte in ein Häuflein Asche; der Leichnam und das Brett blieben unberührt. An der Stelle dieses Wunders entsprang eine Quelle. Im Mittelschiff der ehemaligen Stiftskirche erinnert heute noch ein eingelassener Stein an den seligen Abt.

Die Gründung des Klosters Mondsee geht der Sage nach auf ein Missgeschick des Herzogs Odilo zurück. Der verirrte sich nämlich auf der Jagd hoffnungslos in den Wäldern, die damals fast das gesamte Land bedeckten: Wahre Dschungel und Urwälder, in denen es an der Tagesordnung war, die Orientierung zu verlieren.

Odilo und sein Tross – auch die Gemahlin war mit von der Partie – waren seit dem frühen Morgengrauen auf der Jagd gewesen. Ein schöner Herbsttag mit reicher Ausbeute neigte sich dem Ende zu. Langsam, aber sicher blies man zum Aufbruch. Zufrieden mit sich und seinen Männern ritt Odilo an der Spitze des Zuges durch den langsam dunkler werdenden Wald. Die Bäume warfen lange kühle Schatten, Nebel zog auf.

Viel zu spät bemerkte der Herzog, dass er den falschen Weg eingeschlagen hatte. Die Nacht senkte sich unerbittlich über das Land und noch immer fehlte der kleinste Hinweis auf den rechten Weg nach Hause. Unter dem Blätterdach der Bäume herrschte mittlerweile blauschwarze Finsternis, angefüllt vom Schnauben der Pferde, dem Knacken feinen Geästs und dem Klirren des Zaumzeugs. Odilo jedoch ritt unbeirrt weiter, beruhigte seine Frau, die ganz blass geworden war und, einer Ohnmacht nahe, mehr auf ihrem Pferd hing als saß. Er gebot seinen Jägern, die Hunde ganz dicht bei sich zu halten und schickte Späher voraus, die nach dem rechten Weg Ausschau halten sollten.

In der allgemeinen Aufregung bemerkte niemand die dunkle, spiegelglatte Fläche eines Sees, der sich urplötzlich vor ihnen auftat. Bis ans Ufer hin mit dichtem Gestrüpp und Bäumen bewachsen, war er in der schier undurchdringlichen Dunkelheit kaum zu erkennen; und um ein Haar wäre der edle Herzog Odilo auch tatsächlich pudelnass geworden. Doch gerade als Odilos Ross im matschigen Uferbereich gefährlich strauchelte, trat der Mond silbrig und vollgesichtig hinter den Wolken hervor und tauchte die Wasserfläche in flüssiges Silber. Zum Dank für die Errettung aus der Gefahr stiftete der Herzog an der Stelle ein Kloster: das Kloster Mondsee.

25

St. Kajetan, ehemalige Theatiner-
kirche, München

Stadt München, Oberbayern

Über den Dächern der heute so wohl genährten Stadt
München erschallte einst die Hungerglocke. Das Leben
der Theatinermönche hing am seidenen Faden.

Im September 1662 wurde der Theatinerorden, unter der Leitung von Pater Antonio Spinelli, feierlich in München einge-
führt. Bald nach der Gründung traten die ersten Novizen aus
dem bayerischen Adel dem Kloster bei. Am 29. April 1663
wurde gegenüber der Residenz der Grundstein zur Theatinerkirche gelegt. Den Architekten Agostino Barelli hatte man zum
Bau dieses Gotteshauses extra aus Bologna kommen lassen,
denn es sollte eine »italienische Kirche« werden. 1675 wurde
St. Kajetan geweiht. Das Gotteshaus ist bis in unsere Zeit hinein
Grablege der Wittelsbacher. 1667 konnten die Mönche in die
Räume des neu erbauten Klosters einziehen. Heute leben hier
Laienbrüder des Dominikanerordens.

Nach dem Verlassen der Theatinerkirche lohnt es sich, noch
auf einen Sprung zur Residenz hinüberzugehen – die früher
übrigens durch einen unterirdischen Gang mit der Kirche verbunden war –, um über die blanken Bronzeschnauzen der beiden Löwenköpfe vor dem Eingang zu reiben. Das bringt Glück.

Vom Marienplatz aus folgen Sie zu Fuß der Theatinerstraße
bis zum Odeonsplatz.

www.theatinerkirche.de

Wer mit voll bepackten Einkaufstüten die Fußgängerzone – vorbei an schicken Edelboutiquen – hinunter Richtung Odeonsplatz hastet, den grüßen schon von weitem die spielerisch verschnörkelten Türme der ehemaligen Theatinerkirche. Kommt man von Schwabing herauf gemütlich die Ludwigstraße entlanggeschlendert, offenbart sich einem der erhabene Blick auf die Feldherrenhalle und von rechts schiebt sich erneut die gelbe Fassade dieser schönen Kirche ins Bild. Wie das riesige Werk eines detailverliebten Zuckerbäckers prägt St. Kajetan mit seinen schlanken Türmen und der prächtigen Kuppel das Bild der Stadt; einer Dame aus adeligen Kreisen verdanken die Münchner dieses Bauwerk.

Als Kurfürstin Henriette Adelaide von Bayern am 11. Juli 1662 mit einem Sohn niederkam, war die Freude groß, hatte mit dem kleinen Max Emanuel doch endlich der lang ersehnte Thronfolger das Licht der Welt erblickt. Zuvor hatte Adelaide einem Mädchen das Leben geschenkt. Zwei Jahre später versetzte die Nachricht von der Geburt eines gesunden Stammhalters das Land in einen Freudentaumel.

Nach einer langen Krankheit der Kurfürstin, die 1659 ausgebrochen war, hatte das Ehepaar einst ein Gelübde abgelegt, in dem es dem Allmächtigen eine Kirche in München versprach, sollte Gott der Unfruchtbarkeit der schönen Adelaide ein Ende setzen. Im Stillen fügte die Kurfürstin ein weiteres Gelübde hinzu: Sie versprach dem Herrn im Himmel die Einführung einer Klostergemeinschaft in der bayerischen Residenzstadt unter dem Schutz des seligen Kajetan.

Sehr bald nach der Geburt Max Emanuels begann die überglückliche und frisch erstarkte Kurfürstin Nägel mit

Köpfen zu machen und sich um die Umsetzung des Gelübdes zu kümmern.

Im März 1676 starb Kurfürstin Henriette Adelaide von Bayern nach wochenlanger Krankheit jedoch im Alter von nur achtunddreißig Jahren. Die Bauwerke, die zu ihren Lebzeiten entstanden, haben bis heute das Bild der Stadt geprägt und ziehen – wie zum Beispiel das Schloss Nymphenburg – scharenweise Touristen aus aller Welt an.

Ein ständiges Kommen und Gehen herrscht in dem großen Kirchenschiff der Theatinerkirche und leises Geflüster in allen erdenklichen Sprachen erfüllt den hohen Raum. Um in der anfänglichen Umgangssprache aus der Zunft der Bäcker und Konditoren zu bleiben, das Innere des Gotteshauses mit seinen üppigen Stuckornamenten – übrigens alles aus Gips – wirkt wie das Kunstwerk eines kreativen Zuckerbäckers, der verschwenderisch mit der Sahnespritze umzugehen wusste. Die »Konditormeister« hießen in diesem Fall Carlo Brentano Moretti und Giovanni Brenni.

Heute sind die vielen weißen Figuren, Ornamente und Girlanden mit einer Patina aus grauem Staub überzogen, doch noch immer strahlt der Raum eine erhabene Faszination aus, überirdisch beleuchtet durch zarte Lichtbündel, die sich hoch oben in den Kuppelfenstern brechen. Wuchtig und tiefschwarz hebt sich dagegen die Kanzel von dieser Symphonie aus Grau- und Weißtönen ab. Wie ein Wespennest klebt sie an einem der vorderen Pfeiler und man kann sich gut vorstellen, wie früher so manch einschüchterndes Wort klangvoll von dort oben auf die geneigten Köpfe der Gläubigen herniederprasselte.

Ansonsten atmet dieses Gotteshaus Frieden und majestätische Stille. Zudem findet sich in kleinen Nischen immer ein Plätzchen, um von Hektik und Alltagsstress einmal Pause zu machen, sich zurückzuziehen und in sich hineinzulauschen. Ganz vorn zum Beispiel, links hinter der Kanzel, wurde dem heiligen Thaddäus ein kleines, liebevolles Eck eingerichtet. Umgeben von Gebetsbildchen, blickt er freundlich auf seine meist älteren Besucher weiblichen Geschlechts. Weiter hinten, in einer Seitenkapelle, steht im flackernden Lichtermeer eine schwarze Marienfigur und lädt zum Verweilen ein.

Als Anfang der Sechzigerjahre des 17. Jahrhunderts die Theatinermönche aus Turin dem Ruf des Kurfürstenpaares nach München folgten, waren pracht- und prunkvolle Klosterräume und eine ebensolche Klosterkirche für die frommen Männer natürlich nebensächlich – obwohl es sich in entsprechendem Ambiente durchaus stilvoll beten lässt. Die Regel ihres Ordens verpflichtete die Theatiner zu einem enthaltsamen Leben in strengster Armut. Sie sollten von Almosen leben und nicht bettelnd durch die Straßen ziehen. Die Ordensmänner waren so auf »himmlische Fügungen« angewiesen, die im Gewand braver Bürger und in Gestalt des fürstlichen Hofes auftraten, indem täglich Brot und Fisch, Hirsebrei und Rüben und vieles mehr an die Klosterpforte gebracht wurden.

Diese mehr oder weniger asketische Lebensweise galt natürlich auch für den Münchner Theatinerorden und den Mönchen mangelte es dadurch selten an kulinarischen Genüssen. Für den Fall, dass das Füllhorn doch einmal versiegen könnte, gab es immer noch die so genannte Hungerglocke. Nach drei Tagen mit knurrenden Mägen und verdorrten Zungen durften die frommen Männer an ebenjener Glocke ziehen – sie war so am Kloster angebracht, dass ihr Klang weithin zu hören war –, um auf ihre missliche Lage aufmerksam zu machen. Doch die Münchner Theatiner wurden so vortrefflich von ihren kurfürstlichen Stiftern und deren Nachkommen versorgt, dass die Münchner selbst immer seltener mit einem Tiegel Geschmortem oder einem Sack Gerste vor dem Kloster aufwarteten. Sollten sich doch die Hochherrschaftlichen um die sterblichen Hüllen der Mönche kümmern. Die Geldsäckel der Adeligen waren schließlich um einiges dicker.

Eines Tages, am 29. Juni 1727, erklang über den Dächern der Stadt jedoch helles Glockengeläut. Erstaunt hielten die Münchner in ihrem Tagwerk inne. Die Mägde, auf dem Weg zum Markt, ließen ihre Körbe fallen, Laufburschen hielten mitten im Sprint inne und vergaßen für Minuten ihre Aufträge. Das quirlige Leben war für kurze Zeit zum Stillstand gekommen, denn niemand kannte den Klang dieser Glocke, die nicht mehr aufhören wollte zu bimmeln.

Überall auf den Straßen begannen die Leute zu tuscheln und zu rätseln, bis allmählich das Gerücht umging, St. Kajetan läute die Hungerglocke. Ein paar Mal war noch ein kräftiges, volles Tönen zu hören, dann kehrte wieder Stille ein, dem Glöckner war wohl die Puste ausgegangen.

Dünn und ausgemergelt muss der arme Mann am Strang gehangen haben, um mit schwindender Kraft seine Mitbrüder vor dem schrecklichen Hungertod zu retten.

Die übermenschliche Kraftanstrengung des ausgedörrten Mönchleins hatte sich natürlich gelohnt. In Scharen kamen die Münchner, um die leckersten Köstlichkeiten den Darbenden ins Kloster zu bringen. In der Hofküche ließ der Koch noch einmal die Feuer anfachen, um höchstpersönlich Hand anzulegen, an gebratenen Hühnern und Braten, an Pasteten und raffinierten Sülzen. Käse und Brot, Früchte, Gemüse und Eier stapelten sich alsbald in der kärglichen Speisekammer des Ordens. Holz zum Kochen wurde herangeschleppt. Und um die armen vertrockneten Kehlen schnellsten wieder zu befeuchten, spendeten die Bürger reichlich Gerstensaft. Noch Wochen danach lebten die Ordensbrüder von diesen großzügigen Gaben wie die sprichwörtlichen Maden im Speck. Die Hungerglocke ertönte nur noch ein einziges Mal, doch das war fünfzehn Jahre später und ist eine andere Geschichte.

26

Ehemalige Benediktinerabtei
Oberaltaich

Landkreis Straubing-Bogen, Niederbayern

Die Wirren des Dreißigjährigen Krieges holen uns auf diesen Seiten ein. Wir erleben die Flucht eines Oberaltaicher Abts – und seine glückliche Rettung.

1100 begründete der Regensburger Domvogt Graf Friedrich von Bogen das Kloster Oberaltaich neu, nachdem die Ungarn im Jahre 907 keinen Stein mehr auf dem anderen gelassen hatten. Im Laufe der Zeit wirtschafteten die Grafen von Bogen ihr Hauskloster erst einmal in Grund und Boden; später, 1245, zerstörte eine Feuersbrunst die Baulichkeiten. Erst mit Abt Poppo, der 1256 eine neue dreischiffige romanische Basilika erbauen ließ, kam frischer Wind ins Gemäuer: Das Kloster Oberaltaich verzeichnete seine erste große Blütezeit.

Auf dem ehemaligen Klostergelände lädt der Klosterwirt zur Einkehr ein.

Von Oberaltaich aus ist es nur ein Katzensprung zum Kloster Windberg hinauf.

Sie erreichen Oberaltaich über die A 92 München-Deggendorf. Weiter auf der A 3 Richtung Regensburg, Ausfahrt Straubing. Von dort aus fahren Sie auf der B 20 Richtung Straubing. Nach ca. 3 km verlassen Sie die B 20 in Richtung Bogen. Oberaltaich liegt ca. 1 km vor Bogen.

Mächtig und beeindruckend erhebt sich die ehemalige Abteikirche St. Peter von Oberaltaich bonbonrosa neben der Straße zwischen Straubing und Bogen. Die Donau ist nicht weit und fast vermeint man ein frisches Lüftchen vom Fluss her zu spüren.

Das ehemalige Benediktinerkloster geht in seinen Anfängen auf das 8. Jahrhundert zurück. Herzog Odilo soll hier 731 eine mönchische Niederlassung eingerichtet haben, die den äußersten Punkt der Besitzungen des Klosters Niederaltaich bilden sollte, was jedoch reine Spekulation bleibt, denn historisch ist dies nicht mehr nachzuweisen. Auf einem Schild über dem Portal im Kircheninneren wird der Bayernherzog Odilo jedenfalls als Gründer der Abtei genannt.

Wie das nicht allzu weit entfernte Kloster Niederaltaich beging Oberaltaich 1731 eine prachtvolle Tausendjahrfeier. Die Klosterkirche – ein Neubau aus den Jahren 1620 bis 1630 – wurde zu diesem Anlass kunstvoll barockisiert, die gesamte Einrichtung erneuert. Die alten Klostergebäude um einen weitläufigen Hof, das reich ausgestattete Innere von St. Peter und die beiden rosafarbenen Türme, auf denen die Hauben wie französische Baskenmützen sitzen, dies alles atmet heute den Charme und die Atmosphäre aus jener glanzvollen Epoche.

Das hohe Kirchenschiff verzaubert zudem sofort nach Betreten des Gotteshauses. Von manchen Besuchern wird die reich bemalte Decke als »überladen« wahrgenommen, trotzdem geht von ihr eine unglaubliche Faszination aus. Leider verhindert meist ein Absperrgitter das genauere Betrachten dieser Bilderflut, die zwischen den Jahren 1727 und 1731 unter den kundigen Pinselschwüngen der Brüder Josef Anton und Andreas Merz aus Marktoberdorf in Schwaben entstanden sind.

Gegenüber des Eingangs befindet sich das Grabmal der Grafen von Bogen, denen wir unser weiß-blaues Rautenmuster verdanken, das diese Adelsfamilie einst in ihrem Wappen führte. Der Stifter des Klosters liegt hier begraben, was unschwer zu erkennen ist, denn er hält ein Modell der Kirche in seinen Händen. Domvogt Graf Friedrich teilt sich seine letzte, rotmarmorne Ruhestätte mit dem Grafen Aswin, auch ein Kirchenerbauer, aber das ist eine andere Geschichte.

Eine Ballade aus dem Jahr 1633 erzählt von dem Einfall der Schweden in Oberaltaich und auch davon, wie ein junger Mann namens Veit Höfer (Vitus Höser), ehedem Abt der Abtei, mithilfe von Oberaltaicher Bürgern den Feinden ein Schnippchen schlug.[27]

Veit Höfer hatte sich, als die Schweden 1632 anrückten, gerade noch rechtzeitig in Sicherheit bringen können. Seine Mitbrüder waren längst über alle Berge, nur er verharrte still in den nahe gelegenen Wäldern. Aus der Ferne hörte Höfer tage- und nächtelang das Grölen und Fluchen der grausamen Männer aus dem Norden.

Es vergingen Wochen, bis sich der Abt endlich aus seinem Versteck herauswagte, um in Oberaltaich nach dem Rechten zu sehen. Um nicht gleich von den Feinden erkannt zu werden, verkleidete er sich als einfacher Bauer; zur perfekten Tarnung trieb er ein paar Rinder vor sich her. Weit kam er trotzdem nicht.

Bald umringten ihn sieben Reiter – Schweden natürlich –, die ihn und seine Rinder am Oberaltaicher Kloster vorbei nach Straubing zwangen. Als Veit Höfer von weitem sein geliebtes Kloster sah und das Ausmaß der Zerstörung erkannte, trieb es ihm die Tränen in die Augen: So war die Kirche zum Pferdestall umfunktioniert und viele der restlichen Gebäude zerstört und geplündert worden. Die Schweden aber trieben den zitternden Abt immer weiter und hätten nicht ein paar Bürger erkannt, wer da als Bauer verkleidet an ihnen vorbeigezerrt wurde, es hätte schlimm ausgehen können mit dem Höfer Veit.

Als da plötzlich der Abt mit tränenblinden Augen durch die Straßen geführt wurde, die Rinder noch immer brav vor sich hertreibend, reagierte ein einfach gekleideter Mann prompt und rettete so dem Geistlichen das Leben: »He, Gevatter! Zieht ihr denn noch weiter mit? Haltet doch ein bisschen inne, höret, was zu Haus geschieht«, schrie er dem seltsamen Zug hinterher.[28] Des Bauers Frau, die Grete, sei soeben niedergekommen und die ganze Gegend sei schon nach dem Kindsvater abgesucht worden, fügte er erklärend hinzu. Veit Höfer verstand die List sofort. Inständig bat er seine ungewollte Leibgarde zu seinem Weib und dem neugeborenen Kind heimkehren zu dürfen.

Was letztendlich die Schweden dazu bewog, ihren Gefangenen ziehen zu lassen, bleibt deren Geheimnis. In jedem harten Kerl steckt wohl ein weicher Kern. Der Abt hatte jedenfalls großes Glück. Er war wieder frank und frei. Zwei Jahre später raffte allerdings die Pest den jungen Mönch dahin. Seine sterblichen Überreste sind in der ehemaligen Klosterkirche zu Oberaltaich beigesetzt.

Übrigens munkelt man heute noch in der Bogener Gegend von einem Geheimgang, der dem Veit Höfer in jenen schrecklichen Zeiten, als die Schweden sein Kloster überfielen, Zuflucht geboten haben soll. Dieser Legende nach soll sich der junge Abt nicht in den Wäldern um Oberaltaich verborgen haben; stattdessen benutzte er einen uralten unterirdischen Gang, der bis nach Windberg hinaufgeführt haben soll, zur Flucht. Dieser Geheimgang, dessen Existenz bis heute nicht bewiesen ist, beschäftigt heute noch so manchen Volkskundler. Die einen sprechen von einem möglichen Ausgang auf dem Bogenberg, die anderen vermuten das Ende des Ganges im Kloster zu Windberg.

27

Ehemalige Benediktinerabtei
St. Emmeram, Regensburg

Stadt Regensburg, Oberpfalz

In diesem Kapitel geht es richtig grausig zu. Wir erleben hautnah die unsäglichen Qualen und das unrühmliche Ende eines Märtyrers.

Schon im frühen Mittelalter zählte die Benediktinerabtei St. Emmeram zu den bedeutendsten in Bayern. Ihre Gründung ist bis heute nicht eindeutig geklärt. Man geht jedoch davon aus, dass sich nach dem Märtyrertod Emmerams und seiner Beisetzung in der Georgskirche zu Regensburg – das damals ein Ballungszentrum agilolfingischer Herzogsmacht war – Mönche an der Grabstätte niederließen. Eine zweite Theorie spricht davon, dass Emmeram, Wanderpriester aus Aquitanien, bei seiner Ankunft in Regensburg bereits eine Mönchsgemeinschaft vorfand, die sich bald zu einer Klosterniederlassung weiterentwickelte. Im Laufe der Jahrhunderte wurde das Gotteshaus immer wieder umgebaut, ist aber in seinem Kern wunderbar erhalten geblieben.

Eine letzte einschneidende bauliche Veränderung erlebte die altehrwürdige Abteikirche St. Emmeram in den Jahren zwischen 1731 und 1733. 1812 erhielt das Fürstenhaus derer von Thurn und Taxis die Klostergebäude, die seitdem als Residenz der Familie dienen.

Ein Besuch des mittelalterlichen Kreuzgangs, der dreihundert Jahre Baugeschichte in sich vereint, ist heute nur im Rahmen einer Führung durch das fürstliche Schloss möglich. Dieses bietet den Reiz eines noch bestehenden Adelsgeschlechts – und vielleicht erhascht man ja einen Blick auf Ihre Durchlaucht die Fürstin.

Sie erreichen Regensburg auf der A 9 München-Nürnberg und weiter auf der A 93. St. Emmeram liegt am Emmeramsplatz, zwischen Steinerner Brücke und Hauptbahnhof.

www.regensburg.de

Was ist erhebender, als eine Kirche durch das »Paradies« zu betreten? So nennt man den Zugang unter dem überdachten Vorhof zur ehemaligen Benediktinerabteikirche St. Emmeram. Den Himmel auf Erden beschert den baugeschichtlich Interessierten dieses altehrwürdige Gotteshaus allemal, denn wo sonst findet man ein solches »Konglomerat verschiedener Bauperioden, das als Bilderbuch der Stilgeschichte dem Besucher vor Augen tritt«?[29]

In der alten Basilika, die auf eine frühchristliche Grabeskirche (um 700) zurückgeht, ist der viel beschworene »Hauch der Geschichte« allgegenwärtig. Die porösen Überreste bedeutender Heiliger, Seliger und berühmter Herrscher liegen hier begraben – bis ins 12. Jahrhundert hinein war St. Emmeram eine bedeutende Grablege. Emmeram, Wolfgang, Ramwold oder Arnulf von Kärnten – um nur einige zu nennen –, sie alle haben einen Platz hier gefunden, bereit zur Anbetung und Ehrerbietung. Hinzu kommen Adelige und Bischöfe, die ebenfalls über Jahrhunderte hinweg in St. Emmeram zur letzten Ruhe gebettet wurden. Sie ruhen in Schreinen und Sarkophagen; ihre Grabplatten schmücken die Wände und Seitengänge.

Romanische, gotische und spätbarocke Elemente mischen sich in St. Emmeram in atemberaubender Weise. Dunkle, unheimliche Nischen und Winkel widersetzen sich dem reinen, klaren Licht, das durch Glasfenster, hoch oben, in das Gotteshaus fließt. 1731 rückten die Asambrüder mit Pinsel, Farbpalette, Spachtel und Stuckmasse an, um dem Kirchenraum das elegante Aussehen des späten Barockzeitalters zu verpassen. Die beiden Brüder hinterließen, neben reichlich Stuck und Fresken, über der Brüstung des hinteren, westlichen Nordfensters eine lebensgroße Mönchsfigur aus bemaltem Stuck. Es handelt sich um ein Bildnis des Klosterverwalters und späteren Abts Johann Baptist Kraus (1700–1762), der die Arbeit der Asams beaufsichtigte und der wohl für die Neugestaltung der Kirche überhaupt verantwortlich war.

Es heißt, dass Baptist Kraus den beiden Künstlern durch seine ständige Anwesenheit derart auf die Nerven ging, dass sie aus Rache diese Porträtfigur des Klosterverwalters schufen und sie an jene Stelle setzten, von wo aus die Argusaugen des Benediktiners ihre Arbeit immer genauestens verfolgt hatten. Daneben hat sich eine Legende um die Figur gebildet, die rein gar nichts mit dem kritischen Bauleiter zu tun hat: Die Plastik soll einen besonders frommen Klosterbruder darstellen, der einst bei allen Gottesdiensten freiwillig die schweren Blasebälge der Orgel trat. Doch jedes Mal, wenn er sich zum Gebet niederkniete, er die Trethölzer für kurze Zeit verließ, wurden die Bälge von übernatürlichen Kräften weiter in Bewegung gehalten.[30]

Zu Glorias Familie zählt auch der legendäre Pater Emmeram, waschechter Thurn und Taxis, dem nicht viel zum Märtyrer fehlte. Sein Namensvetter, Patron der Stadt Regensburg, wurde vor allem durch seinen grausamen Tod berühmt. Glorias Verwandter dagegen entschlief, Gott sei Dank, ganz friedlich.

Das Leben des Missionars Emmeram, der wohl um das Jahr 600 in Frankreich das Licht der Welt erblickte, wird für immer im Dunkel der Legenden verborgen bleiben. Man nimmt an, dass er zunächst Bischof in Poitiers gewesen ist, um sich dann einem Leben als Wanderpriester zu verschreiben. Ursprünglich auf dem Weg nach Ungarn, um dort die Awaren zu bekehren, blieb er in Regensburg hängen. Herzog Theodo überredete ihn zu bleiben, um Stadt und Land von heidnischen Bräuchen zu säubern, die den christlichen Glauben zu überwuchern drohten. Emmeram blieb, wurde Bischof von Regensburg und leistete nach wie vor hervorragende Missionsarbeit. Dann wurde ihm die Liebe zum Verhängnis.

Ota (auch Uta), Tochter des Bayernherzogs, hatte sich unsterblich in Sigibald, einen hohen Beamten der Stadt, verliebt und erwartete nun ein uneheliches Kind von ihm. Aus Angst vor harter Strafe – qualvolles Martyrium war damals durchaus üblich –, bat Ota Emmeram um Rat. Der Bischof riet den beiden verzweifelten jungen Menschen zur Lüge und bot ihnen an, ihn als Vater des zu erwartenden Kindes anzugeben.

So geschah es. Ota wartete, bis sich Emmeram mit einigen Klerikern auf eine Reise nach Rom begeben hatte – sie wollte erst zu ihrem Vater gehen, wenn sie den Bischof außerhalb der Grenzen des Herrschaftsbereichs des Herzogtums wusste –, und begab sich dann zu Theodo. Als der Herzog erfuhr, dass der ehrwürdige Bischof angeblich der Geliebte seiner Tochter war, sein Keuschheitsgelübde quasi über Bord geworfen hatte, um sich mit Ota zu vergnügen, war sein Zorn gewaltig! Ein kleiner Bastard aus den Lenden eines Geistlichen, das war zu viel für Theodo.

Lantpert, Sohn des Herzogs und Bruder von Ota, nahm sofort die Verfolgung auf und preschte der Reisegruppe nach. Bei Kleinhelfendorf, dem alten Isinicu an der Römerstraße, griff er Emmeram auf und begrüßte den Bischof ironisch als »seinen Schwager«. Der wütende Lantpert, angetan mit dem Gerichtsstab und begleitet von Adeligen aus der Gegend, die als Mitrichter fungierten, richtete den vermeintlichen Kindsvater an Ort und Stelle. Und obwohl Emmeram immer wieder seine Unschuld beteuerte und als Bischof das Gericht des Römischen Stuhles anrief, hatte er unter dem selbstgerechten Zorn seines Gegenübers keine Chance.

Mit roher Gewalt wurden dem Bischof die Kleider vom Leib gerissen, dann band man den armen Mann auf eine Leiter – heute noch Attribut des Heiligen. In einer Scheune, geschützt vor neugierigen Blicken, begann für Emmeram ein unvorstellbares Martyrium: Die Glieder wurden ihm in Scheiben vom Leib geschnitten, die Zunge mit glühenden Eisen aus dem Rachen gerissen. Er wurde entmannt und verstümmelt. Die ganze Zeit über sang und betete Emmeram ununterbrochen, auch dann noch, als seine Zunge längst auf dem Haufen seiner restlichen abgetrennten Glieder gelandet war. Dann, endlich, ließen seine Peiniger von ihm ab. Die verstörten Begleiter des Geistlichen versorgten notdürftig Emmerams Wunden und trugen ihn dann Richtung Aschheim. Nach neun Meilen verstarb der Bischof, bis zuletzt Gott lobpreisend.

Zuerst in der herzoglichen Peterskirche zu Aschheim beigesetzt, brachte man den Leichnam vierzig Tage später nach Regensburg, um ihn dort auf einem frühchristlichen Gräberfeld zur letzten Ruhe zu betten. Bald entstand eine Wallfahrt zur St.-Georgs-Kirche, die mit Zustimmung des Herzogs über der Grabstätte errichtet worden war. Lantpert und seine Helfershelfer wurden von Theodo in die Verbannung geschickt; und auch seine Tochter Ota wies er außer Landes. Die Nachkommen der beiden durften, auf Erlass des Herzogs, nie wieder heimischen Boden betreten.

Das Grab unseres Märtyrers befindet sich seit dem Jahr 783 (!) in der Ringkrypta unterhalb des Hochaltars der St.-Emmerams-Kirche. Bis heute konnte man sich jedoch nicht auf den genauen Todeszeitpunkt des Heiligen einigen. Die meisten Quellen sprechen für das Jahr 685.

28

Franziskanerinnenkloster Reutberg

Landkreis Bad Tölz-Wolfratshausen,
Oberbayern

*Das Kloster Reutberg kann mit der originalgetreuen
Nachbildung des Geburtshauses der Muttergottes
aufweisen und bietet nebenbei noch einen grandiosen
Blick auf die Alpen.*

Im Jahr 1606 ließen Graf und Gräfin Papafaba, aus dem Nachbarort Reichersbeuern, an dieser besonderen Stelle eine kleine Kapelle errichten. Bald begann ein reger Zustrom von Gläubigen, sodass 1609 zwei weitere Kapellen angebaut werden mussten. 1618 stiftete Anna Papafaba gleich neben den beiden Kapellen ein kleines Kapuzinerinnenkloster. 1729 begann man mit dem Neubau einer größeren Klosteranlage. 1735 wurde die Kirche Mariä Verkündigung geweiht.

Die wunderbare Landschaft rund um das Kloster lädt zu ausgedehnten Spaziergängen ein. Danach empfiehlt sich ein Besuch des ehemaligen Klosters Tegernsee, das in einer nicht minder schönen Umgebung liegt.

Sie erreichen das Kloster auf der B 13 über Sauerlach und Holzkirchen. Oder Sie fahren auf der A 8 München-Salzburg, Ausfahrt Holzkirchen und von dort aus weiter nach Reutberg.

www.klosterbrauerei-reutberg.de

Bescheiden und unspektakulär liegt das Kloster Reutberg inmitten einer romantischen Moorlandschaft auf einem sanften Hügel. In der Ferne leuchtet an sonnigen Tagen der Gebirgszug der Alpen wie ein überdimensionaler Scherenschnitt und im Rücken des Klosters schillert, verdeckt von Birken und Laubgehölz, braun und tiefgründig der Kirchsee, der im Sommer mit seinen warmen Temperaturen zum Baden einlädt.

Das Kloster selbst birgt ebenfalls einen besonderen Reiz – und der liegt nicht nur im klostereigenen Gerstengebräu! Vielleicht entspringt der Zauber der Einfachheit der Gebäude, ohne Schnickschnack und dem Wissen vom geheimen, gottgeweihten Leben dahinter.

Betritt man die gelb getünchte Kirche, über deren Portal die heilige Muttergottes aus einer Nische heraus das kitschige Panorama des Alpenvorlandes genießt, ist man erstaunt, wie klein der eigentliche Kirchenraum ist; es sind vor allem der weit eingezogene Schwesternchor und die enge Loretokapelle, die diesen Eindruck erwecken. Über der Nachbildung des Loretohauses – Gräfin Papafaba selbst hatte an dem heiligen Gebäude in Italien Maß genommen – kann man auf einem wunderschönen Fresko sehen, wie eine Schar von Engeln das Haus Mariens scheinbar mühelos über das Meer trägt.

1606 waren Graf und Gräfin Papafaba von einer Wallfahrt nach Loreto in Italien zurückgekehrt und hatten sich zutiefst beeindruckt gezeigt vom Geburtshaus der heiligen Muttergottes, das in ebenjenem Loreto heute noch steht, pompös ummantelt von einer mächtigen Basilika.

Maria, eine Italienerin? Eine gewöhnungsbedürftige Vorstellung! Warum das Haus der Heiligen im Land, wo die Zitronen blühen, steht und wie es dorthin kam, wird in nachstehender Legende erzählt.

Die Papafabas jedenfalls platzierten ein mitgebrachtes Gnadenbild in dem Kirchlein auf dem Reutberg, das dem Haus in Loreto aufs Haar glich. Graf Papafaba entpuppte sich leider im Laufe seiner Ehe als ein wahrer Schurke. Er trachtete seiner Frau nach dem Leben und als sein Mordanschlag vereitelt werden konnte, floh der Bösewicht mit dem gesamten Hab und Gut seiner Angetrauten. Für Anna Papafaba begann eine Zeit der Armut und des Verzichts und so legte sie vor Gott ein Gelübde ab: Sollte sie ihr Vermögen zurückbekommen, würde sie neben der Loretokapelle auf dem Reutberg ein Kloster errichten lassen. Gott in seiner unendlichen Güte erhörte natürlich das Flehen der armen Frau und im Jahr 1618 zogen die ersten drei Nonnen – aus dem Schweizer Kanton Sankt Gallen kommend – in den kleinen, bescheidenen Bau ein. Viele Jahre später sollten die ehrwürdigen Mauern eine begnadete Mystikerin beherbergen, die Ordensschwester Maria Fidelis Weiß, die heute in der Kirche zur letzten Ruhe gebettet ist. Eine Grabplatte und viele Dankesbezeigungen, die am Absperrgitter befestigt sind, erinnern an sie.

Schon immer galt der italienische Wallfahrtsort Loreto als ein ganz besonderer, denn er verlieh einen besonders lang anhaltenden Ablass. Die Aussicht auf einen Ablass, einen Sündenerlass also, verleitete in früheren Zeiten die Menschen dazu, Haus und Hof zu verlassen, um sich auf eine damals oft sehr gefährliche Pilgerreise zu begeben. Heute lockt so ein Versprechen keinen Hund mehr hinter dem Ofen hervor.

Wurde einem der Ablass gewährt, konnte man für Wochen, Monate, manchmal auch jahrelang unbeschwert leben. Sünden wurden gegen Geld und Gebet auf Zeit erlassen und der gierige Höllenschlund, der im Mittelalter an jeder Straßenecke zu fürchten war, rückte für einige Zeit in weite Ferne. Neben dem Sündenerlass, bekam man für sein sauer verdientes Geld meist noch eine kleine Reliquie obendrein, als Andenken sozusagen. Ablasshandel war in Zeiten des Aberglaubens ein florierendes Geschäft. Er brachte den Klöstern und Kirchen Ruhm und bare Münze ins Haus. Ein verblichener Knochen, die Locke vom Haupt eines Apostels, ein Faden aus dem Lendentuch des Heilands und der Rubel rollte.

Eine begnadete Spürnase im Auffinden kostbarer Reliquien legte Kaiserin Helena an den Tag, ihres Zeichens selbst eine Heilige. Auf ihr Konto gehen die Entdeckungen des »wahren Kreuzes« sowie des »Heiligen Rockes« und des »Hauses der Maria Magdalena«.

Im Jahr 326 hatte Helena hochbetagt die Reise nach Jerusalem ins Heilige Land angetreten, um Buße für eine Familientragödie zu tun. Schon sehr bald hörte man von ihrem unglaublichen Engagement Armen und Bedürftigen gegenüber. Darüber hinaus gab sie Unsummen für den Bau neuer Kirchen aus. Sie war es, die den Grundstein für die

Kirche auf dem Ölberg legen ließ; auf ihre Veranlassung hin wurde die Auferstehungskirche errichtet und die Grotte »der Geburt des Herrn in Bethlehem« ausgebaut.

Im Jahr 336 ließ Helena eine Basilika um das Haus der Jungfrau Maria errichten. Dieses bescheidene steinerne Häuschen hatte nicht nur die Geburt der heiligen Muttergottes live miterlebt, sondern auch die Verlobung der jungen Frau mit dem bedeutend älteren Zimmermann Josef sowie die schlichte Vermählung der beiden und zu guter Letzt auch noch die Geburt des lang ersehnten Heilands. So steht es jedenfalls geschrieben – obwohl uns natürlich sofort die Ungereimtheiten frappierend ins Auge stechen.

Bis ins Jahr 614 hinein stand das Haus da, wo es hingehörte – in Jerusalem. Dann wurde die Stadt von den Persern eingenommen und im Himmel begann man sich um die Sicherheit der heiligen Stätte Sorgen zu machen. Nicht auszudenken, wenn diese Heiden das ehrwürdige Gebäude schänden und entweihen würden. So begab sich eiligst, auf Befehl von ganz oben, eine Schar von Engeln auf die Erde, hob das heilige Haus vom Boden und schwang sich damit in die Lüfte. Unglücklicherweise ging während des Fluges der Fußboden verloren, ansonsten blieb alles heil. An der dalmatinischen Küste, bei Tersatto, setzten die Himmelsboten das Häuschen behutsam ab.

Drei Jahre lang stand es dort und vollbrachte unzählige Wunder. Nur die Jungfrau Maria ließ sich kaum blicken. Nur ein einziges Mal stattete sie ihrem Geburtshaus einen Besuch ab. Vielleicht war das der Grund, weshalb an einem Tag im Jahr 1294 ein paar verblüffte Schafhirten ihren Augen kaum trauten. Erstaunt sahen sie zu, wie sich das Haus langsam vom Erdboden löste und wie von Zauberhand übers Meer davonflog. Sicher hatten da die Engel wieder ihre Finger im Spiel, aber die sind für Normalsterbliche ja leider unsichtbar. Nun, das Häuschen segelte sanft durch die Lüfte und landete wohlbehalten in Italien, in einem wunderschönen Lorbeerhain, »wo es sofort anfing seine überirdischen Kräfte auszustrahlen«.[31]

Papst Innozenz VII. verordnete im Jahr 1405, dass am 10. Dezember das »Fest des Transportes des heiligen Hauses« zelebriert werden sollte. Und Papst Benedikt XV. erklärte 1920 das Abbild der schwarzen Madonna von Loreto zur Schutzheiligen aller Flugzeugführer, was nahe liegend erscheint. Irgendwann, im Laufe der Jahrhunderte, entflammte ein Streit zwischen England und Italien, denn die Engländer behaupteten, das Haus hätte damals quasi einen »Non-Stopp-Flug« von Nazareth auf die Insel hingelegt und wäre geradewegs zum Kloster nach Walsingham geflogen, um sich dort – bildlich gesprochen – häuslich niederzulassen. Das Haus in Italien soll, den Angelsachsen zufolge, eine Fälschung sein.

29

Benediktinerinnenabtei zum Hl. Kreuz, Säben ober Klausen

Provinz Bozen, Südtirol

Unterhalb der Benediktinerinnenabtei in Säben liegt heute noch ein riesiger Schatz verborgen.

Ursprünglich erhob sich einst auf dem Berg eine Bischofsburg, deren älteste Bestandteile vermutlich aus dem späten 12. Jahrhundert stammen. 1671/79 baute der spätere Klostergründer Mathias Jenner die Burgkirche der Brixener Bischöfe, die zu jener Zeit längst verfallen war, um. Ob der junge Dekan damals schon Pläne zur Neugründung eines Klosters in Säben hatte, ist unklar. 1686 jedenfalls, keine zehn Jahre später, zogen Benediktinerinnen des Salzburger Stifts Nonnberg in das neu errichtete Kloster auf dem Berg. Ganz fertig gestellt waren die Klosterräume zwar noch nicht, doch die Ordensfrauen, geübt in Bescheidenheit, arrangierten sich mit den emsigen Handwerkern, so gut es eben ging.

Klausen, der Ort unterhalb des Burgbergs, bietet das typische Flair eines Südtiroler Städtchens. Ein Glaserl Roten vor dem Aufstieg nach Säben und es klettert sich gleich noch einmal so beschwingt.

Der Besuch von Säben ober Klausen lässt sich gut mit einem Abstecher zum Kloster Neustift bei Brixen verbinden.

Folgen Sie der A 8 München-Salzburg. Am Inntal-Dreieck fahren Sie weiter nach Kufstein. Von dort aus geht es auf der A 12 Richtung Innsbruck. Die A 13 bringt Sie zum Brenner, Richtung Italien. Von dort aus geht es auf der A 22 über Brixen hinaus nach Klausen.

Ein steiler Aufstieg liegt vor uns, beginnend im malerischen Städtchen Klausen an der Eisack. Alte Pflastersteine entlang der Kreuzwegstationen, flirrende Sommerhitze und ein schöner Blick auf zartgrüne Weinhänge – hier gleicht Südtirol der Idylle aus einem Werbeprospekt. Das graue Band der Autobahn schlängelt sich durch das Tal und sogar von hier oben, von der »Akropolis Südtirols« aus, ist der Verkehrslärm zu hören. Betritt man dann den Klosterhof durch zwei schmale, in Stein gehauene, aufeinander folgende Tunnel, taucht man ein in die räumlich begrenzte Welt der Klosterschwestern von Säben. Zu sehen ist von den Klosterschwestern nichts; die unspektakuläre Klosterkirche ist verwaist. Säben liegt in mittäglicher Stille.

Eine kleine, unscheinbare Eisentüre öffnet sich zum Inneren jener Kirche, welche dem Kloster seinen Namen gibt – die Heiligkreuzkirche. Ihr Ursprung geht auf das Jahr 600 zurück. Im 12. und 13. Jahrhundert wurde sie neu gebaut und um das Jahr 1400 dann gotisiert. Ihr heutiger Zustand, aus dem 17. Jahrhundert, zeigt dem Besucher in eindrucksvoller Weise einen hellen, bemalten Raum, den man – dank fehlender Kirchenbänke – auf der linken Seite wunderbar durchschreiten kann.

Illusionsmalerei in lebhaften Farben bedeckt die Wände von oben bis unten: Da führen Säulenarkaden ins imaginäre Weite, Fenster öffnen sich zu einem blauen, wolkenlosen Himmel und gemalte Stoffbahnen verdecken faltenreich das Gemäuer. Hier war ein Meister zugange, dessen künstlerische Leichtigkeit sich auf den Kirchenbesucher überträgt. So kommt man fast in Versuchung, eine heiße Sohle aufs Parkett zu legen – ein barocker Tanzreigen würde sich in diesem Ambiente äußerst gut machen.

Mit dem gemalten Kruzifix, das außen auf der Rückseite der Kirche prangt, hat es übrigens eine besondere Bewandtnis: Ein Bauer aus Theis litt schon jahrelang an einer unheilbaren Augenkrankheit, sodass er seine Umgebung nur mehr schemenhaft erkennen konnte. Trotzdem machte er sich oft die Mühe, nach Säben hinaufzusteigen, um in der dortigen Kirche vor dem heiligen Kreuz zu beten.

Nach einiger Zeit genas der Bauer vollständig von seinem Leiden und zum Dank dafür ließ er das riesige Kreuz auf die Außenwand malen. So konnte er es von Theis aus mit bloßem Auge erkennen. Von diesem Zeitpunkt an sah man manchmal den Bauer auf seinen Feldern knien, die betenden Hände und die neu erstarkten Augen auf Säben gerichtet.[32]

Es gab eine Zeit, als auf der Burg von christlichem Gedankengut noch nichts zu spüren war. Heidnischer Götzendienst wurde dort oben praktiziert, zum Ärger der christlichen Bevölkerung am Fuße des Berges. Es kam zu Konflikten und nach heftigen Kämpfen wurden die Heiden gnadenlos in die Flucht geschlagen. Doch bevor die Burgbewohner ihr Domizil verließen, vergruben sie ihre Schätze – Unmengen von Gold und Silber – im Schlossfelsen. Bis in die Tinnebachschlucht hinein soll ein Teil des Heidenschatzes verborgen liegen.

Jahre gingen ins Land und eines Morgens stieg eine Frau aus Klausen den Berg zur Frühmesse hinauf. Plötzlich sah sie vor sich einen goldenen Pflug am Wegesrand liegen, bewacht von einem schwarzen Hund, dessen feurige Augen ihr Herz zu versengen schienen. Doch anstatt mutig den goldenen Pflug zu berühren – dann wäre er nämlich der ihre geworden –, rannte das Weib schreiend ins Tal hinunter.

Der sagenumwobene Schatz der Heiden ist bis heute nicht gehoben. Unmengen von Geld und anderen Kostbarkeiten ruhen noch in der Erde. Früher sahen Wanderer, die nach dem Betläuten nach Säben hinaufgingen, feurige Kugeln vor sich herrollen. Das waren die Geister, die den Säbener Schatz bewachten. Es heißt, dass es mehr als siebzig Pferde benötigt, um den gigantischen Schatz zu heben und zu Tal zu bringen.

Im Zusammenhang mit diesen kostbaren, verborgenen Reichtümern erzählen sich heute noch die Alten in Klausen eine seltsame Geschichte: Der Überlieferung nach soll ein Klausner Bub, der am Berghang von Säben seine Schafe hütete, dicht bei der Herde eine seltsame Frau entdeckt haben, die, an eine Felswand gelehnt, Wolle zupfte. Anfangs hatte er gar nicht wahrgenommen, dass sich noch jemand auf seiner Weide befand, sosehr war er damit beschäftigt gewesen, seine Tiere beisammenzuhalten.

Es war ein schöner, lauer Tag, am Himmel droben zogen vereinzelte weiße Wölkchen, seinen Schafen gar nicht mal so unähnlich, gemächlich über die Berggipfel dahin. Zuerst sah der Bub nur ihr goldenes Haar, das aus einer Bewegung heraus im klaren Sonnenlicht aufblitzte.

Schüchtern und ein wenig ungelenk näherte er sich dem Felsen. Als er näher herankam, sah er, dass die junge Frau wirklich ungewöhnlich schön war mit ihrem zarten, leicht geröteten Gesicht und ihren vollen roten Lippen, zwischen denen ab und zu die Zunge hervorkam, wenn ein Knoten die Schafwolle verfilzte.

Der Knabe fühlte sich magisch von dem Bild, das sich ihm bot, angezogen und neugierig ging er auf die emsig zupfende Dame zu, die auch gleich ohne Umschweife zur Sache kam: Sie erzählte ihm mit betörender Stimme von einem Fluch, der seit ewigen Zeiten auf ihr lastete. Nur er, der arme Hirtenjunge, konnte sie davon erlösen. Das sei der Grund, warum sie heute zu ihm auf die Weide gekommen sei. Eine kleine Gefälligkeit erwartete sie von ihm, nichts Großes, und danach sei zum Dank der große Schatz der seine.

Der Bub war wie verzaubert von dem Geschwätz der Schönen, sah er sich doch schon mit Gold und Edelsteinen nach Hause kommen. Nach Hause in die ärmliche Kate seiner Mutter, die jahrein, jahraus versuchte, ihn und seine vier Brüder durchzubringen, seitdem der Vater aus dem Holz nicht mehr zurückgekommen war. Nach einem schlimmen Unwetter hatte man ihn erschlagen gefunden.

Also nickte unser Hirte brav und folgte den Anweisungen der jungen Frau. Er bekam von ihr den Auftrag, sich eine schöne, lange Haselnussrute zu schneiden, um damit Schlangen zu töten. Drei Schlangen galt es zu vernichten, um den seltsamen Fluch loszuwerden. Zudem zeigte sie ihm schon einmal ein paar Münzen aus dem reichhaltigen Schatz, der als Belohnung für seine mutige Tat winkte. Dem Jungen gingen die Augen über.

Schnell war die Rute geschnitten, da kroch auch schon das erste lange Vieh zischend aus seinem Versteck. Diese Schlange – und auch die folgende – erschlug der kleine Hirte, ohne mit der Wimper zu zucken. Doch als das dritte Ungeheuer aus seinem riesengroßen Rachen Feuer spie und widerlich schnell auf ihn zuschlängelte, hatte der Bub die Hosen plötzlich gestrichen voll. So schnell ihn seine Beine trugen, lief er davon, die greinende Frau zurücklassend, die nun weitere hundert Jahre auf ihre Erlösung warten musste.

30

Benediktinerinnenkloster Nonnberg, Salzburg

Stadt Salzburg

Eine unglückliche Liebe trieb vor vielen Jahren eine junge Frau hinter die dicken Klostermauern auf den Nonnberg.

Kein Geringerer als der heilige Bischof Rupert gründete auf dem Nonnberg im frühen 8. Jahrhundert ein kleines Bethäuschen samt Kapelle zu Ehren der heiligen Muttergottes und legte so den Grundstock zum heutigen Nonnbergkloster. Mithilfe der Salzburger und diverser großzügiger Schenkungen des Bayernherzogs Theodo und seiner Gemahlin Regintrud entstand bald darauf ein Stift auf dem Nonnberg. Rupert gab den Chorfrauen die Regel des heiligen Benedikt und setzte Ehrentrudis als ihre erste Äbtissin ein. Im Laufe der Jahrhunderte, bis in das 19. Jahrhundert hinein, wuchs auf dem Nonnberg eine Klosteranlage, deren Kernstück die dreischiffige, spätgotische Stiftskirche bildet.

Seit Jahrhunderten singen die Ordensschwestern das feierliche Chorgebet in der Klosterkirche. Ihr engelsgleicher Gesang ist unvergleichlich schön und zieht immer wieder Scharen von Menschen an.

Oberhalb des Klosters liegt die Festung Hohensalzburg. Von dort aus bietet sich eine Wanderung über den Mönchsberg an.

Eine schöne Einkehrmöglichkeit ist das Müllnerbräu, am Fuße des Mönchsberg. Hier können Sie Ihre eigene Brotzeit mitbringen, um sie dann in der stilvollen Bierhalle oder im schattigen Biergarten zu verzehren.

Sie erreichen Salzburg über die A 8 München-Salzburg.
Das Benediktinerinnenkloster Nonnberg liegt auf
dem Festungsberg unterhalb der Festung Hohensalzburg.

www.stadt-salzburg.at

Klettert man langsam die so genannte Nonnbergstiege hinauf, entfernt man sich immer weiter von der Salzburger Innenstadt, kommt man dem Himmel immer näher. Unter einem breitet sich die Stadt links und rechts der Salzach aus und kokettiert mit ihren Türmen und Kuppeln, den schmalen Gassen und den schönen, historischen Gebäuden. Salzburg war einst die geistige Metropole des Stammesherzogtums Bayern und ist bis heute ein kulturelles Zentrum geblieben. Eine pulsierende Stadt mit all ihren Caféhäusern, dem berühmten Festspielhaus und den vielen Touristen, die in der Getreidegasse auf Mozarts Spuren wandeln.

Auf dem Nonnberg bei den Benediktinerinnen, die seit 713/715 ununterbrochen auf dem Berg leben und wirken, ticken die Uhren anders als unten in der Mozartstadt. Unter einer roten, barocken Mütze und einem lang gezogenen Dach liegt die Klosterkirche Mariä Himmelfahrt auf einer Terrasse des Festungsberges. An schönen, klaren Tagen erheben sich hinter ihr die Berge wie eine natürliche Theaterkulisse.

Einst hatte die Nichte des heiligen Bischofs Rupert, Ehrentrudis, aus Liebe zu Jesus ihre fränkische Heimat verlassen und war ihrem Oheim nach Salzburg gefolgt. In großer Frömmigkeit, und selbstverständlich als Jungfrau, lebte sie fortan auf dem Berg in dem kleinen Häuschen, das Rupert errichtet hatte. Mit der Zeit gesellten sich immer mehr fromme, durchwegs adelige Damen zu Ehrentrudis[33] und als das Kloster langsam Gestalt annahm, widmete die tugendhafte Ordensvorsteherin bald ihr gesamtes Leben den Armen und Kranken.

Schließlich schlug für die Hochbetagte ihre letzte Stunde auf Erden. Ein paar Tage vor ihrem Tod erschien ihr eines Nachts ihr Oheim, für dessen Seelenruhe sie gebetet hatte: »Komm, teure Schwester, in das Reich, für das du schon lange gearbeitet hast«, soll der kurz vor ihr Verstorbene in jener Stunde gesagt haben.[34] Bald darauf fing Ehrentrudis an zu kränkeln, wurde immer schwächer und starb schließlich an einem 30. Juli um das Jahr 718. Die Gebeine der Heiligen ruhen heute in einem reich verzierten Reliquienschrein in der Kirche, in deren Krypta, mit ihren vielen Säulen, sich die ursprüngliche Grabstätte dieser ersten Äbtissin vom Nonnberg befindet.

Durch die hohen Glasfenster des spätgotischen Gotteshauses fließt zartes, buntes Licht, das nicht ausreicht, um den zweiflügeligen Altar aus dem Jahr 1498 zu beleuchten. Dafür braucht es einen Obolus von ein paar Münzen, die letztendlich nichts bewirken – dort vorn bleibt es gespenstisch dunkel. Im hinteren Teil der Kirche geht dem Besucher dafür endgültig ein Licht auf: Hinter dickem Panzerglas entflammen elektrische Birnen und geben den Blick auf romanische Wandgemälde aus der Zeit um 1150 frei; ernst dreinschauende Heilige in zarten, verblichenen Farben, die leider wegen eines Zeitschaltsystems recht bald wieder in gnädiger Dunkelheit versinken.

Ende des 10. Jahrhunderts lebte im Salzburger Raum eine junge Frau, deren Schönheit weithin bekannt war. Sie war mit allen positiven Attributen der Weiblichkeit ausgestattet und es gab keinen Mann weit und breit, der sie nicht begehrte. Wiradis hieß das holde Weib und in ihrem Herzen barg sie ein großes Geheimnis. Sie hatte sich unsterblich verliebt, aber sie ahnte vermutlich bereits, dass diese Liebe unter keinem guten Stern stand.

Niemand weiß, warum das Schicksal es nicht zuließ, dass Wiradis und Wazelinus jemals zueinander fanden. Die beiden trafen sich manchmal heimlich und verstohlen in sternenübersäten Nächten und tauschten verliebte Blicke aus. Sachte strich seine Hand über ihr langes goldenes Haar, wenn er in einer engen Gasse an ihr vorüberging. Atemlos und immer auf der Hut küssten sie sich in stillen, von Unrat stinkenden Mauernischen, ihre Körper in heißem Begehren fiebrig aneinander gepresst. Doch sie bekannten sich nie offiziell zueinander.

Klatsch und Tratsch begann über die beiden jungen Leute hereinzubrechen wie eine alles vernichtende Flutwelle. Vielleicht entstammten die Liebenden zweier bitter verfeindeter Adelsgeschlechter. Oder Wiradis war steinreich und Wazelinus arm wie eine Kirchenmaus. Vielleicht waren sie gar Geschwister und die drohende Inzucht schwebte über ihnen wie ein Damoklesschwert?

Die beiden litten furchtbar unter dieser Situation und als immer klarer wurde, dass sich ihre Liebe niemals erfüllen würde, entschloss sich die schöne Wiradis, den Schleier zu nehmen. Sie vermählte sich mit Jesus Christus und wurde später Äbtissin auf dem Salzburger Nonnberg. Unter ihrer kundigen Führung erlebte das Kloster seine erste große Blüte. Und der arme Wazelinus? Der folgte dem Beispiel seiner Geliebten und schlug einen ähnlichen Lebensweg ein. Er wurde Mönch und später Abt zu St. Peter, unterhalb des Nonnbergs.

Wazelinus erreichte ein hohes Alter und überlebte seine einstige Geliebte um Jahre. Er wurde grau, später schlohweiß. Sein Körper krümmte sich der Erde entgegen wie der schneebeladene Ast eines Baumes. Kurz vor seinem Tod rief er die Brüder seines Klosters zusammen, um genaueste Anweisungen zur Bestattung seines Leichnams zu geben. Mit großen Schritten nahte bald darauf der Sensenmann und schon lag Wazelinus friedlich aufgebahrt in der Stiftskirche.

Ein paar Tage später packte man die Leiche des Abts auf einen Wagen, vor den der Schimmel des Geistlichen gespannt wurde. Wazelinus' Ross zog nun ohne Führung durch Salzburg und schlug dann den Weg zum Gaisberg ein. Am Fuße dieses Berges machte der Schimmel Halt und Wazelinus fand an ebenjener Stelle seine letzte Ruhe. Der Wunsch des Verstorbenen erfüllte sich. Die Erinnerung an Wiradis, das Geheimnis seiner großen Liebe nahm er mit ins Grab.

31

Augustiner-Chorherrenstift
St. Florian

Bezirk Linz-Land, Oberösterreich

Auf den folgenden Seiten tummeln sich gleich zwei
Hauptdarsteller: Florian, ein heiliger Märtyrer,
dem ein Mühlstein zum Verhängnis wurde, und ein
Geigenspieler, dem in der Stiftskirche ein Wunder
widerfuhr.

Die Gründung St. Florians verliert sich im Dunkel der Geschichte – erstmalig urkundlich erwähnt wird es im 8. Jahrhundert. 1017 wurde das Kloster an die Augustiner Chorherren
übergeben; man errichtete eine erste, romanische Kirche. Nach
einem vernichtenden Brand im Jahr 1235 entstand eine gotische
Klosteranlage. Sein heutiges prachtvolles Aussehen verdankt
das Stift vor allem dem Propst David Fuhrmann (1667–1689),
der den Sieg über die Türken bei Wien 1683 und die darauf folgende Wallfahrt des Kaisers zum Grab des Märtyrers zum Anlass nahm, die gesamte Anlage neu zu gestalten. So erfolgte 1686
die Grundsteinlegung zur neuen Stiftsbasilika.

Von Ostern bis Oktober können Sie in den Stiftsteichen Ihre
Angel auswerfen, um selbst Karpfen, Schleien, Forellen und
Zander an den Haken zu bekommen.

Zahlreiche Sammlungen sind in den Räumen des Klosters
untergebracht, unter anderem eine bedeutsame Glockensamm-
lung. Hinzu kommen die Stiftsbibliothek und die Prunkräume,
die, wie alle anderen Räume, nur mit Führung zu besichtigen
sind.

Der Gasthof »Goldener Löwe«, direkt vor den Klostertoren,
bietet auf seiner Speisekarte einen Mostbraten an, dessen zartes
Fleisch buchstäblich auf der Zunge zergeht.

Das Stift liegt südlich von Linz. Sie erreichen es über die A 8 München-Salzburg. Von Salzburg aus geht es weiter auf der A 1 Richtung Wien, Ausfahrt St. Florian/Asten.

www.kloesterreich.at

Majestätisch wie ein prunkvolles Schloss überragt St. Florian das Land südöstlich von Linz; ein barocker Prachtbau per excellence, der sich wie selbstverständlich in das liebliche Alpenvorland einfügt und dessen Doppeltürme an Föhntagen den österreichischen Berggipfeln trotzen. Albrecht Altdorfer ließ sich hier zu seinem berühmten Sebastiansaltar inspirieren. Der stand einst in der alten Stiftskirche und beeindruckt heute noch – in Teilen zumindest – nachhaltig die Besucher der »Alten Galerie«.

Anton Bruckner, dem berühmten Malerkollegen aus dem Spätmittelalter in seiner musikalischen Genialität durchaus ebenbürtig, ruht in einer Gruft in der Stiftskirche unter dem Instrument, das seinen Namen trägt: der Bruckner-Orgel. Bewacht von unzähligen Totenschädeln, hat der einstige Sängerknabe, Lehrer und Stiftorganist in einem frei stehenden Sarg seine letzte Ruhe gefunden, ganz so, wie es einst sein Wunsch gewesen ist.

Sehr beeindruckend ist das Innere der Stiftskirche Mariä Himmelfahrt. Sie soll – behauptet das Internet – »zu den eindrucksvollsten Raumschöpfungen des österreichischen Barock« zählen. Und in der Tat bezaubern die ungewöhnlich vielen Details den Besucher auf Anhieb.

So sind schon allein die kunstvoll gedrechselten und geschnitzten Kirchenbänke (1701–1703), überstrahlt von

186

zart geschwungenen »Leselampen«, des Stiftstischlers Stefan Jegs und des aus Linz stammenden Drechslermeisters Jakob Schildknecht eine Augenweide. Ja, und erst das Chorgestühl, dieses Wunderwerk der Holzschnitzkunst, in dem sich überall nackte, rosige Putti tummeln und das auf beiden Seiten von filigranen Chororgeln gekrönt ist. Ein Linzer und ein Bozener Bildhauer, Adam Franz und Jakob Auer, vollendeten 1702 gemeinsam dieses Prunkstück.

Seit Jahrhunderten wird in diesem Gotteshaus die Grabstelle des berühmten Märtyrers St. Florian verehrt. Die Kirche soll sich genau über Florians letzter Ruhestätte erheben, obwohl es ungewiss ist, ob die Römer Ende des 5. Jahrhunderts beim Auszug aus den nördlichen Regionen die Reliquien nicht mit in südliche Gefilde genommen haben. Die Hauptreliquien befinden sich jedenfalls in Krakau und werden dort bis heute hochverehrt.

Den heiligen Florian kennt heutzutage jedes Kind. Er kippt auf kunstvoll bepinselten Hauswänden Wasser auf brennende Dächer und gilt als Schutzpatron der Feuerwehr. Überhaupt hält er seine segnende Hand über alle Menschen, die beruflich mit dem nassen Element zu tun haben, darunter auch über die Bierbrauer.

Zu jener Zeit, als Kaiser Diokletian (284–305) begann, sein Reich neu zu organisieren und der jungen christlichen Kirche radikal den Kampf ansagte, war der leitende Beamte der Verwaltung der Provinz Ufernorikum,[35] im Ort Lauriacum (Lorch bei Enns), nicht unweit des heutigen Stifts, ein gewisser Florian (Florianus), seines Zeichens bekennender Christ. Die grausamen Verfolgungen gegen die Menschen dieses neuen Glaubens zogen sich wie eine blutige Spur durch das Land, doch vorerst blieb dem Heiligen – das wurde er freilich erst später – eine Konfrontation mit den Verfolgern erspart. Er wurde lediglich ins heutige St. Pölten in Zwangspension geschickt. Als er dort jedoch erfuhr, dass seine Glaubensgenossen allmählich in Bedrängnis gerieten, entschloss er sich, ihnen beizustehen. Sein Todesurteil war somit besiegelt.

Am 4. Mai 304 band man dem wehrlosen Mann einen schweren Stein um den Hals, schleifte ihn auf eine Brücke und von dort aus stürzte man ihn in die eisigen Fluten der Enns, »wobei ihm, wie alle Umstehenden sahen, die Augen brachen«.[36] Schon zuvor hatte er im Kerker unsägliche Qualen gelitten; seine Mitgefangenen waren alle umgebracht worden.

Die Legende berichtet, dass Florian, trotz des Mühlsteins um den Hals, ans Ufer geschwemmt wurde. Dort bewachte ein Adler den Verstorbenen, bis ihn eine Witwe namens Flavia fand. Die gottergebene Frau legte den geschundenen Leib auf ein Gespann und trieb dieses zu den Buchenwäldern des Ipftales. Dort angekommen, blieben die erschöpften Tiere stehen und sogleich entsprang unter dem Wagen eine frische, klare Quelle: das wundertätige Brünnlein. Flavia bestattete den Leichnam heimlich und in großer Eile. Bald darauf geschahen an diesem Ort die ersten Wunderheilungen.

In der Gegend um Linz erzählten Mütter und Großmütter über Jahrhunderte hinweg ihren Kindern und Kindeskindern ein altes Märchen, das heute längst in Vergessenheit geraten ist.

Vor langer Zeit lebte hier ein Musikant, der erst sehr spät zu seinem Beruf gekommen war. Jahrzehntelang bestritt er seinen Lebensunterhalt als Glockengießer und er war gut darin. Doch mit der Zeit häuften sich Unglücksfälle: Eine seiner Glocken löste sich aus der Verankerung und schlug donnernd zu Boden, eine andere schmolz in der sengenden Hitze eines Kirchenbrandes. Danach wurde der Glockengießer gemieden und schließlich musste er seinen Beruf mangels Aufträge aufgeben.

Da holte der Unglückliche seine alte Geige hervor, verließ Haus und Hof und begab sich auf Wanderschaft. Die Geige aber war aus billigem Holz, der Lack war abgesprungen und die Töne, die sie hervorbrachte, erinnerten an das Gemaunze liebestoller Kater in Vollmondnächten. Der Hut des Glockengießers blieb leer. Ja, man zahlte ihm sogar ein paar Münzen, wenn er versprach, endlich weiterzuziehen.

Eines Tages führte ihn sein Weg hinauf nach St. Florian. In der stillen Stiftskirche fiel er auf die Knie und rief inständig den heiligen Florian um Hilfe an. Da brauste plötzlich die Orgel – eine Vorgängerin der Bruckner-Orgel – auf wie ein Orkan. Nie gehörte Klänge und Melodien erfüllten das Kirchenschiff. Wie in Trance griff der Spielmann seine alte, abgenudelte Geige und als er sich das Instrument unters Kinn klemmte, entströmte ihm ein solch süßer und lieblicher Klang, dass es eine wahre Freude war.

Von diesem Zeitpunkt an blieb der Hut des Musikanten nie mehr leer, im Gegenteil, er verdiente so viel, dass er den Armen und Notleidenden davon abgeben konnte. Bis zu seinem Tod versetzte der Spielmann die Menschen in Verzückung und heute sitzt er wahrscheinlich dort oben im Himmel, zu Füßen des Florian, um dem großen Heiligen fröhlich ein Lied zu geigen.

32

Benediktinerabtei zum Heiligen Kreuz, Scheyern

Landkreis Pfaffenhofen an der Ilm, Oberbayern

Ein echter Splitter vom Kreuz Jesu wird in der Abteikirche zu Scheyern aufbewahrt.

Im Jahr 1119 wandelten die Grafen von Scheyern ihre ehemalige Burg in ein Kloster um und übergaben es den Mönchen vom Petersberg. Bis ins Jahr 1253 hinein diente die Kirche dieses Klosters als Begräbnisstätte der Wittelsbacher. Im Kern sind Klosteranlage und Abteikirche heute noch romanisch; im 16. und 18. Jahrhundert wurden die Gebäude samt Kirche jedoch wesentlich verändert.

Das Kloster zu Scheyern bietet allerhand kulinarische Genüsse. Neben einer Einkehr in die hiesige Klosterschenke lohnt sich auch der Besuch beim Klostermetzger. Er hält Erzeugnisse des Klosters für Sie bereit.

Im Klosterladen können Sie das so genannte Scheyerer Kreuzerl erwerben, eine Nachbildung des Heiligen Kreuzes.

In Scheyern ist eine fast ausgestorbene Pflanze zu bewundern, die so genannte Wassernuss. In den klostereigenen Fischteichen, unterhalb der Anlage, wurde dieser Pflanze durch aufwändige Schutzmaßnahmen ein geeigneter Lebensraum ermöglicht.

Sie erreichen Scheyern über die B 13 Richtung Pfaffenhofen an der Ilm. Kurz vor Pfaffenhofen zweigt rechts eine Straße nach Scheyern und zum gleichnamigen Kloster ab (ausgeschildert).

www.kloster-scheyern.de

Hügelig und landschaftlich wunderschön ist die Hallertau, Bayerns Hopfenanbaugebiet nördlich von München. Am südwestlichen Rand dieses Kleinods erhebt sich der schlichte Kirchturm des Klosters Scheyern. Über dieses Kloster weiß natürlich jedes Kind in Bayern Bescheid, steht es doch auf den Fundamenten der Stammburg der Wittelsbacher, dem bayerischen Adelsgeschlecht schlechthin. Eigentlich war diese Burg der Stammsitz der Scyren, die 1116 ins nahe gelegene Wittelsbach zogen und sich fortan nach ihrer neuen Stammburg Wittelsbacher nannten. Herzog Arnulf I. hatte die Burg in Scheyern befestigt; so steht es in den Chroniken.

Die Anfänge des Klosters Scheyern liegen weit entfernt der stangengespickten Hopfenfelder, nämlich in Bayerischzell. Hier schenkte Gräfin Haziga, die Stammmutter des Hauses Schyren-Wittelsbach, 1076 den beiden Einsiedlern Otto und Adelprecht ein Waldstück.

Nach einiger Zeit und mit der Unterstützung von Hirsauer Mönchen entstand dort ein Kloster auf der Grundlage der Regel des heiligen Benedikt. Die Gegend um Bayerischzell war jedoch rau und unwirtlich, sodass die Mönche recht bald wieder ihre Zelte abbrachen und Richtung Fischbachau zogen. Später wechselten die frommen Brüder abermals ihren »Wohnsitz« und zogen auf den Petersberg bei Dachau, um ihre endgültige Bestimmung dann letztendlich in Scheyern zu finden.

Heute kann man sich Führungen durch das Kloster anschließen oder man bummelt auf eigene Faust durch die Anlage. Im Klosterladen haben die Mönche den Zeitgeist längst erkannt. Neben theologischen Werken, religiösen Mitbringseln und ergreifenden Chorälen auf CD grinst verschmitzt der weltberühmte Zauberlehrling Harry Potter von den Buchumschlägen, eine ganz andere mystische Welt vertretend.

Was das Kloster, neben seiner engen Verbindung zum Hause Wittelsbach – wichtige Vertreter der Familie haben hier unter schweren Steinplatten ihre letzte Ruhe gefunden –, weit über die Grenzen des heutigen Bayerns berühmt gemacht hat, ist natürlich das heilige Kreuz von Scheyern, das eine echte Partikel vom Kreuz Christi in sich birgt.

Flankiert von zwei kleinen, pummeligen Engeln, steht dieses Kleinod des Christentums in der Kreuzkapelle, im rechten Seitenschiff der Klosterkirche. Zweimal im Jahr finden die so genannten Kreuzfeste auf Scheyern statt, die als Höhepunkte der Kreuzverehrung im Jahreslauf gelten. Die Legenden um Scheyern beziehen sich natürlich immer auf diese hochverehrte Reliquie aus dem Morgenland, die nach vielen Wirren und Gefahren ihren – hoffentlich endgültigen – Platz im Kloster zu Scheyern gefunden hat.

Menschen, die große Schuld auf sich geladen haben, werden in der Kreuzkapelle übrigens vergebens nach dem Heiligtum Ausschau halten. Für sie bleibt das Kreuz unsichtbar. Auch den armen Tröpfen, die im laufenden Jahr dem Tod ins Gesicht sehen werden, bleibt der Blick aufs Kreuz versperrt. Einem Priester, der während eines Flurumrittes nicht an sich halten konnte und unbedingt ein Teilchen vom guten Stück absäbeln wollte, war das Glück auch nicht hold. Ihn ereilte prompt das Schicksal. Er bekam Besuch vom Sensenmann und starb innerhalb von drei Tagen.

Um die Überführung des kostbaren Kreuzes von Dachau nach Scheyern rankt sich eine außergewöhnliche Legende: Die Angst, das Kreuz könnte einem Raub zum Opfer fallen, war hoch und tatsächlich auch angebracht. So wurde hin und her überlegt, wie man die Reliquie wohlbehalten nach Scheyern bringen könnte.

Als sich am Tag des Umzugs ein prächtiger Zug in Bewegung setzte, achtete dann auch niemand weiter auf den armen, abgerissenen Bettler, der in gebührendem Abstand dem feierlichen Geleit mit dem prunkvollen Reliquienwagen in der Mitte folgte; ein einfacher Wallfahrer, der mit seiner armseligen Bekleidung den krassen Gegensatz zu der prächtigen Prozession mit ihren Leuchtträgern, den Baldachinen aus feinsten Stoffbahnen und den üppigen, goldbestickten Messgewändern bildete.

Der Mann trug nur einen Stiefel, den anderen hielt er in der Hand. Sein nackter Fuß war blutig, von Schmutz und Straßenstaub verschmiert, und er sah arg mitgenommen aus. Links und rechts der Straße beugten die Menschen demütig ihre Köpfe. Der eine oder andere schielte erstaunt auf die heruntergekommene Gestalt, die in der gleißenden Sonne mühsam versuchte mit den anderen Schritt zu halten. Was hatte der Vagabund hier zu suchen?

Ohne sich um seine offensichtlichen Schmerzen zu kümmern, wanderte der Büßer, unter den argwöhnischen Blicken der Gemeinde betend und Hosianna singend hinter dem Zug her, bis sich hinter ihm die Tore des Klosters schlossen. Im Klosterhof setzten die Träger behutsam ihre kostbare Last ab und wischten sich ächzend den Schweiß von der Stirn. Alles lechzte nach einem frischen, kühlen Bier, das den Staub aus den Kehlen waschen würde. Der armselige Mann, der immer noch seinen einen Stiefel verkrampft in der Hand hielt, drückte sich schüchtern in einen Winkel.

Plötzlich wandte sich der Abt des Klosters, der sich bis dahin angeregt mit ein paar Mitbrüdern unterhalten hatte, mit lauter Stimme an die Anwesenden. Mit ausgestrecktem Arm wies er auf den Vagabunden und erzählte dazu seine Geschichte: Erst jetzt stellte sich heraus, dass die Kreuzpartikel im Schrein eine Fälschung war. Die echte Reliquie hatte der fromme Mann den ganzen langen Weg über in seinem Stiefel mit sich getragen. Aufgeregtes Murmeln ging durch die Reihen, nachdem der Abt geendet hatte. Stolz und glücklich trat der schmutzige Wallfahrer nun endlich aus seiner Ecke, um seinen ausgetretenen Stiefel unter dem jubelnden Beifall der Menge dem Ordensmann zu übergeben.

Nachdem die Reliquie schließlich sicher in der Kirche untergebracht war, feierte man ein ausgelassenes Fest zu Ehren des Scheyerer Kreuzes und des selbstlosen Bettlers, der sicher fürstlich für seine gute Tat entlohnt wurde.

33

Prämonstratenser-Abtei
Speinshart
Landkreis Neustadt an der Waldnaab,
Oberpfalz

Ein vorwitziger Affe lehrte die Prämonstratensern in
Speinshart einst das Fürchten.

1145 schenkten der fränkische Adelige Adelvolk von Reiffen-
berg, dessen Brüder Reinhold und Eberhard und seine Gattin
Richenza ihre gemeinsamen Besitztümer dem Prämonstraten-
serorden. Der anfängliche Holzbau wich Ende des 12. Jahrhunderts einer dreischiffigen Basilika in Steinbauweise. Nachdem das Kloster 1556 aufgelassen wurde, zogen unter Kurfürst
Ferdinand Maria im Jahr 1661 erneut Prämonstratenser in
Speinshart ein. Diesmal kamen die Ordensbrüder aus dem schönen Kloster Steingaden, im heutigen Ostallgäu, in die Oberpfalz.
1691 wurde der Amberger Barockbaumeister Wolfgang Dient-
zenhofer mit dem Bau einer neuen Klosterkirche betraut. Unter
seiner kundigen Hand entstand ein wahres Juwel des bayerischen Barock.
   Auf einem Wochenendausflug durch die Oberpfalz bietet sich
eine Klostertour über Kastl und Speinshart nach Waldsassen an.

Speinshart ist über die A 93 München-Hof zu erreichen,
Ausfahrt Weiden-West. Von dort aus geht es auf der B 470
nach Eschenbach in der Oberpfalz. In Eschenbach zweigt
eine Straße nach Speinshart ab (ausgeschildert).

Schlichte Bauernhäuser ducken sich an überproportiona-
le Scheunen und drängen sich zu scheinbar menschenlee-
ren Dörfern zusammen, deren spröder Charme so typisch
ist für diese Gegend. Der Landschaft hier in der nördlichen

Oberpfalz wird schon immer eine gewisse Herbheit bescheinigt, doch je näher man dem Kloster Speinshart kommt, desto lieblicher wird die Umgebung links und rechts der Straße. Üppige Wiesen, ausladende Obstbäume, in der Ferne bewaldete Hügel und mittendrin die rotweiße Fassade der Prämonstratenser-Abtei Speinshart, die sich ganz plötzlich und überraschend, nach einer kleinen Kuppe, dem Herannahenden in ihrer ganzen Pracht offenbart.

Die ersten elf Prämonstratenser kamen einst aus Wilten bei Innsbruck und sollten in Speinshart »Boden-, Geistes- und Seelenkultur«[37] betreiben. Heute leben und wirken gerade mal fünf Ordensbrüder, deren Mutterhaus sich im niederbayerischen Windberg befindet, im Speinsharter Kloster. In einem Faltblatt über die Abtei blicken die fünf Herren freundlich in die Kameralinse – Nachwuchs scheint es leider nicht viel zu geben.

Schon allein die Klosteranlage, die sich wie ein kleines Dorf um die Kirche schmiegt, lädt zum längeren Verweilen ein. Still und nahezu verwunschen ist es hier. Ab und zu radelt ein Anwohner gemächlich vorbei, die Augen neugierig auf den einsamen Besucher gerichtet, mühsam das Gleichgewicht haltend.

Im Inneren des schönen Gotteshauses ist schier jeder Quadratzentimeter mit verspielten Stuckornamenten bedeckt, deren verschnörkelte Muster sich sogar in den Kirchenbänken fortsetzen. So fällt es ein bisschen schwer, sich auf Details zu konzentrieren. Die wunderschöne Madonna beispielsweise, die, umgeben von einem dreireihigen Rosenkranz, sanft und anmutig an der Decke baumelt, bemerkt man erst auf den zweiten Blick.

Zwei Brüdern aus der Schweiz ist das gigantische Gesamtkunstwerk in der Pfarr- und Klosterkirche »Unbefleckte Empfängnis Mariä« zu verdanken: Carlo Domenico und Bartholomeo Luchese. Der Erste zeigt sich für die Stuckaturen verantwortlich, der Zweitgenannte bemalte die Stellen, die noch übrig blieben mit kunstvollen Fresken.

Einst verirrten sich zwei junge Damen in dem Moor, das früher das Tal des Kreußenbachs zwischen Eschenbach und Neustadt am Kulm ausfüllte. Aus der Geschichte geht nicht hervor, welcher Familie die beiden angehörten. Stellen wir uns also zwei übermütige, blutjunge Freundinnen vor, die wahrscheinlich mit den Stiftern, den Reiffenbergs, irgendwie verwandt oder verschwägert waren und die sich einen schönen Tag draußen in der Natur machen wollten.

Ein gemeinsamer Spaziergang, viel Gekicher und Gegacker, Ausgelassenheit, Kränze wurden gewunden – und plötzlich hatten beide die Orientierung verloren. Der Abend dämmerte bedrohlich herauf, die Kühle der Nacht stieg bereits vom Boden auf und griff nach den zarten Fesseln der Frauen; den Freundinnen wurde angst und bange. Da gelobten sie in ihrer Not für den Fall ihrer Rettung den Bau eines Klosters.

Letztendlich schaffte unser adeliges Duo den Weg nach Hause dann doch noch ganz von allein. Ihr feierliches Gelöbnis vergaßen die beiden jedoch nie. Nur über den Standort waren sich die Jungfrauen nicht schlüssig. Im Moor sollte das neue Kloster stehen – aber wo?

Nach ewigem Hin und Her beschlossen sie, die Suche nach einem geeigneten Platz einem führungslosen Schimmel zu überlassen. Der galoppierte dann auch mit flatternder Mähne ins feuchte Moor hinaus und blieb alsbald mitten im Morast stehen. Das Pferd tänzelte zwar noch eine Weile herum und entfernte sich ab und zu, um an ein paar Grashalmen zu knabbern, kam dann jedoch immer wieder an besagte Stelle zurück. Im Ganzen drei Mal. Unsere beiden Damen sahen dies als ein göttliches Zeichen an und schnurstracks ging man an den Bau eines herrlichen neuen Klosters.

Jahre später, als die Abtei längst durch Prämonstratenser besiedelt worden war, entdeckte der Klostergärtner eines Tages einen Affen im Küchengarten. Das Tier war durch ein Loch in der Erde in den Garten gekommen und als man auf Geheiß des Abtes dieses Loch zuschaufelte, setzte eine lustige Jagd auf den fremden Gast ein.

Doch die Bemühungen des gesamten Konvents, den Affen zu fangen, schlugen fehl. Kreischend und die Zähne gefährlich bleckend schwang sich das possierliche Tier mit seinen langen Armen in die Wipfel der Obstbäume hinauf. Und immer wenn sich ihm ein Mönch näherte, drohte es grimmig mit dem Finger.

Allmählich schwante den Männern, dass sie es mit einem bösen Geist zu tun hatten, getarnt durch das haarige Kleid eines Affen. Schlaue Bücher wurden hervorgeholt, um den Geist zu beschwören und ihn so vom Klostergelände zu vertreiben. Doch erst einem Jesuiten aus der Nachbarschaft, dem Schlammersdorfer Pfarrer, gelang das gefährliche Unterfangen. Er brachte den Affen tatsächlich dazu, mit ihm zu sprechen.

Von seinem Baum herunter erzählte das Tier den verblüfften Ordensbrüdern seine Geschichte: Selbst einmal Mönch im Speinsharter Kloster gewesen, waren ihm schon zu Lebzeiten alle Sünden vergeben worden – außer einer. Er hatte nämlich Messgewänder für sich verwendet, ohne heilige Messen für die Reise der armen Seelen zu lesen. Nach seinem Tod wurde er deswegen verdammt und fristete seither sein Dasein als Affe.

Nach diesem Geständnis verschwand das Tier fluchtartig aus dem Klostergarten. Es soll die Gestalt eines Raben angenommen haben. Bis heute kann man diesen jeden Tag um die Mittagszeit beobachten, wie er in einem Bach bei Zettlitz ein Bad nimmt.

34

Zisterzienserstift Stams

Bezirk Imst, Tirol

Drei Furcht erregende Hexen hatten es vor langer Zeit einmal auf den Weinkeller des Stifts abgesehen. Heute treiben höchstens noch die Schüler des hier ansässigen Internats ihr Unwesen in dem alten Gemäuer.

Im Jahr 1273 stiftete Graf Meinrad II. von Görz-Tirol mit seiner Frau Elisabeth, einer geborenen Wittelsbacherin, das Stift als Grablege für die Tiroler Landesfürsten. Der erste, noch ganz in Holz gehaltene Klosterbau wurde damals inmitten eines Eichenwaldes errichtet. Noch im Gründungsjahr 1273 begann man nebenher mit dem Bau eines steinernen Klosters, das 1284 feierlich eingeweiht wurde; dabei wurden die sterblichen Überreste Elisabeths, die im Gründungsjahr verstorben war, in der neuen Familiengruft unterhalb des Hochaltars beigesetzt. Der Gründungskonvent bestand 1273 aus zwölf Mönchen und fünf Laienbrüdern; Zisterzienserpatres aus dem Kloster Kaisheim bei Donauwörth in Schwaben waren auf Wunsch des Stiftereheaares nach Stams gekommen, um das neue Kloster zu besiedeln. Die heutige monumentale Anlage entstand erst nach und nach, nachdem ein verheerender Brand 1593 alles vernichtet hatte.

Das Stiftsmuseum beherbergt Kostbarkeiten aus den Stiftssammlungen.

Ganzjährig finden Konzerte im berühmten Barocksaal statt, der im Rahmen einer Führung auch zu besichtigen ist.

Sie erreichen das Zisterzienserstift Stams über die A 8 München-Salzburg und weiter auf der A 93 nach Kufstein. Von dort aus führt die A 12 über Innsbruck zur Ausfahrt Mötz. Stams befindet sich nahe der Autobahn.

www.tirol.com/stift-stams-2k

»Bitte schön, wenn Sie Ihren hoch geschätzten Blick nach links zur goldenen Kanzel wenden möchten!« Die Äuglein des jungenhaften, untersetzten Mannes sprühen vor Begeisterung hinter den dicken Brillengläsern. Die Spitzen seines Hemdkragens stehen kokett vom Körper ab und erinnern an die Flügelchen kleiner, rosiger Putten. Seit vierzehn Jahren führt er mit formvollendeter Höflichkeit durch die Stamser Stiftsbasilika, von gelangweilten Verschleißerscheinungen und heruntergeleierten Texten keine Spur.

»Bitte schön, wenn Sie mir, verehrte Herrschaften, nun folgen und Ihre geschätzte Aufmerksamkeit der Stiftsbasilika zuwenden möchten«: Mit einundachtzig Metern die längste Stiftskirche Tirols, erstrahlt Mariä Himmelfahrt in einem wahren Goldrausch. Die große Blütezeit von 1600 bis 1800 ist der Klosterkirche heute noch anzusehen. Da wurde nicht gespart, weder an hochkarätigen Künstlern noch an hochwertigen Materialien. Und auch die Mönche hatten kräftig mit angepackt und Erstaunliches geleistet: Kunstvolle Beichtstühle, mit wunderschönen Intarsien und schön geschnitzte Kirchenbänke zeugen von dem Talent der Zisterzienser.

Das erste »Highlight« der Stiftskirche begegnet dem Besucher jedoch gleich in der Vorhalle: Ein kunstvoll geschmiedetes Gitter, das die Heiligblutkapelle – in ihr wird »ein Stückchen Erde, mit dem Blut des Erlösers befeuchtet,« aufbewahrt – vom Eingangsbereich abtrennt. Achtzig Rosen, »dicke und dünne, große und kleine, wie die Natur halt so ist«, zieren das filigrane Kunstwerk des Kunstschlossers Bernhard Bachnetzer.

Dann, gegenüber dem Kircheneingang, gleich die nächste Sensation: Unter einer riesigen Kreuzigungsgruppe, eine Vertiefung im Boden, das so genannte Österreichische

Grab: Aneinander gereiht wie die Orgelpfeiffen stehen dort unten die wichtigsten Vertreter der Tiroler Landesfürsten samt ihren Familienmitgliedern, lebensgroß und golden gewandet: Anna von Braunschweig, Herzog Friedrich, der Friedel mit der leeren Tasche, das Stifterpaar Elisabeth und Meinrad auf der linken Seite. Heinrich von Tirol, Kaiserin Maria Bianca Sforza, Sigmund der Münzreiche, Friedels Sohn, und Eleonore von Schottland rechts, den Verwandten gegenüber. Die Gebeine dieser illustren Gesellschaft befinden sich allerdings weiter hinten unter dem Chorgestühl und dem Hochaltar in der Familiengruft.

Dort vorn, genau über diesem Grab, beendet der begeisterte Führer auch den Rundgang durch die Stamser Kirche. Zuvor aber beeindruckt noch der Hochaltar in Gestalt eines neunzehn Meter hohen Lebensbaums der Heiligen Familie durch seine Ausdrucksstärke und Schönheit. Da hören auch die drei genervten Teenies, von ihren Eltern scheinbar zur Besichtigung genötigt, auf zu gähnen. Der Weilheimer Bildschnitzer Bartholomäus (Bartlme) Steinle (gest. 1628) schuf in der Zeit von 1609 bis 1613 dieses Meisterwerk. Ein lebhaftes Kunstwerk mit vierundachtzig Büsten und Skulpturen, angefangen bei Adam und Eva bis hinauf zur Dreifaltigkeit.

Einst lebte im nahe gelegenen Dorf Mötz eine recht-
schaffene und ehrbare Frau, eine fromme und christ-
lich gesinnte Witwe. Das Haus war ihr nach dem Tod
ihres Mannes zu groß geworden und so gewährte sie
ihren drei besten Freundinnen Unterschlupf, nicht ahnend, dass sie sich da drei leibhaftige Hexen unter ihr
Dach geholt hatte. Die Witwe war sehr wohlhabend. Sie
verfügte über Diener und Mägde; die Hofgeschäfte hatte ein Knecht übernommen. Die vier Frauen konnten sich
also ausschließlich dem Müßiggang widmen, was sie
auch ausgiebig taten. Tagtäglich verbrachten sie viele
gemeinsame Stunden mit Klatsch und Tratsch. Abends
saßen sie um ein flackerndes Kaminfeuer herum, stick-
ten, strickten, lachten und kicherten, dass es eine wahre
Freude war.

Eines lauen Sommerabends schlugen die drei Hexen
ihrer Freundin einen Spaziergang vor, in den die Witwe
ohne Argwohn freudig einwilligte. Die wohlriechenden
Düfte eines heißen Tages lagen noch in der Luft: frisch
gemähtes Heu, trockener Staub und der betörende Hauch
üppiger Blumenwiesen. Bienen torkelten träge Richtung
Bienenstock und der untergehende Feuerball ließ die steinernen Flanken des Wettersteingebirges sanft erröten.
Nach einer kurzen Wegstrecke standen die Frauen plötzlich vier Geißböcken gegenüber, die ihnen stinkend und
wiederkäuend entgegenstarrten. In diesem Augenblick
offenbarten die so genannten Freundinnen ihr wahres
Gesicht: Sie zwangen die Witwe auf eins der Tiere und
schwangen sich, unter großem Hallo und grässlichem
Gekreische, auf die drei übrigen Böcke. Und schon ging
es ab in die Lüfte, dass der braven Frau Hören und Sehen
verging.

Nach einem turbulenten Ritt hoch über den Wolken, fanden sich die Bockreiterinnen im Stiftskeller von Stams wieder. Inmitten riesiger Weinfässer und im flackernden Schein einiger weniger Kerzen landeten die vier unsanft auf dem kalten, feuchten Steinboden des Kellers. Die Hexen geboten der Witwe, mucksmäuschenstill zu sein, denn sie wollten die Gelegenheit nutzen, sich einmal ordentlich zu betrinken. Doch die »Freundin« der drei dachte nicht im Traum daran, den Mund zu halten. Sie hatte sich mittlerweile von dem Schock erholt und setzte nun zu einer mächtigen Schimpftirade an, dass nun ihrerseits den Hexen das Blut in den Adern gefror. Also packten die Satansweiber schleunigst ihre Geißböcke und verschwanden sang- und klanglos aus dem dunklen und muffigen Weinkeller.

Erst nachdem das irre Gekicher verklungen war, entdeckte die Witwe, dass mit den Hexen auch ihre Kleider auf mystische Weise das Weite gesucht hatten. Splitterfasernackt stand sie nun zwischen den riesigen Holzfässern. Und es dauerte eine geraume Zeit, bis sich die arme Frau durch laute Hilferufe Gehör verschaffen konnte. Endlich schwang quietschend die rustikale Eichentüre auf und ein ängstlicher Diener lugte fassungslos auf die nackte Dame in fortgeschrittenem Alter. Nachdem alle Zweifel ausgeräumt waren – der brave Mann glaubte zuerst, eine Weindiebin auf frischer Tat ertappt zu haben –, brachte man der bibbernden Witwe ein passendes Gewand und endlich konnte sie ihr unfreiwilliges Verlies verlassen.

Die Überraschung war groß, als die Frau wenig später ihren Hof betrat, denn niemand hatte sie vermisst. Im Bett der Witwe saß nämlich ein Geist, der ihrer eigenen Gestalt zum Verwechseln ähnlich sah. Erst als sie wütend am Kleid des Doubles, das übrigens das gleiche war, welches ihr im Stiftskeller abhanden gekommen war, zerrte, löste sich dieses »Blendwerk« in Luft auf.

Die Witwe zeigte ihre ehemaligen Freundinnen stante pede bei Gericht an. Zuerst leugneten die Unholdinnen ihre wahre Identität. Dem großen Druck der Befragungen hielten sie allerdings nicht lange stand. Die drei wurden verurteilt. Wenige Tage später erhellte ein großer brennender Scheiterhaufen den Dorfplatz und die gellenden Schreie der Frauen hallten noch lange von den Bergen wider.

35

Ehemalige Benediktinerabtei Tegernsee

Landkreis Miesbach, Oberbayern

Adalbert und Otkar gründeten am schönen Tegernsee vor vielen Jahren ein Kloster – eine verhängnisvolle Schachpartie war der Grund dafür.

Das Kloster blickt auf eine wechselvolle Geschichte zurück. Von seiner Gründung um das Jahr 746 bis zur Säkularisation 1803 spannt sich der Bogen von Zerstörung und mehrmaligem Wiederaufbau. Von dem spätgotischen Gebäudekomplex – nach einem Niedergang im 14. Jahrhundert war Tegernsee im 15. Jahrhundert neu aufgebaut worden – sind heute noch Teile in der Kirche erhalten. Auch die Umfassung der Krypta aus dem 11. Jahrhundert ist noch erhalten. Am 21. März 1678 legte man den Grundstein zu einer Barockanlage. 1823 ließ König Max I. Joseph durch Leo von Klenze das Kloster Tegernsee in eine königliche Sommerresidenz umwandeln.

Die ehemalige Klosterkirche zu Tegernsee ist umrahmt von zwei Wirtshäusern. Linkerhand lädt das Tegernseer Bräustüberl zu Brotzeit und Bier. Rechts vom Portal geht es ein paar steinerne Stufen zum Schlosskeller hinunter.

Im Kurpark von Tegernsee befindet sich, in einem kleinen, flachen Bungalow, das sehenswerte Olaf-Gulbransson-Museum.

Tegernsee ist über die A 8 München-Salzburg zu erreichen, Ausfahrt Holzkirchen. Von dort aus geht es weiter auf der B 318.

www.tegernsee.de

Inmitten des gleichnamigen Ortes direkt am Ufer des Sees, mit Blick auf die Hausberge des Tals und die gegenüberliegende Rottacher Strandpromenade, liegt das altehrwürdige Kloster Tegernsee, das seinen besonderen Reiz entfaltet, nähert man sich dem Gebäude vom Wasser her. Doch es ist hauptsächlich das Tegernseer Bräustüberl – vor allem das gute Bier aus der herzoglichen Brauerei –, das tagtäglich Scharen von Menschen anzieht, Einheimische wie Touristen, und nicht das schöne Gotteshaus mit seinen beiden schlichten Doppeltürmen.

Der barocke Innenraum der ehemaligen Klosterkirche St. Quirin sollte sich einst mit dem Stift Melk oder gar mit dem Escorial bei Madrid messen lassen. Ein ehrgeiziger Plan, den die damaligen Äbte strikt verfolgten. Ehedem romanisch, im gotischen Zeitalter dann komplett umgebaut – nur die Krypta und die Turmuntergeschosse blieben so, wie sie waren –, erfuhr die Abteikirche im Barockzeitalter anlässlich des siebenhundertjährigen Neugründungsjubiläums eine Rundumerneuerung im ganz großen Stil. Namhafte Künstler konnten für den Neubau gewonnen werden. Hans Georg Asam, Vater der genialen Asambrüder, machte sich ans Freskenmalen und Johann Baptist Straub schuf einige Altarfiguren.

Der Münchner Hofbaumeister Enrico Zuccalli hatte die Pläne zum neuen Gotteshaus beigesteuert und fast wäre man auch fertig geworden, hätten sich am Himmel nicht schon die ersten Vorzeichen der Säkularisation bemerkbar gemacht. Von Frankreich her zog ein Unwetter auf, das mit dem Sturm auf die Bastille 1789 im fernen Paris begann und mit der Auflösung unzähliger Klöster in Altbayern und anderswo einen traurigen Höhepunkt fand. Die barocke Zweiturmfassade konnte nicht mehr fertig gestellt werden. Die Benediktinerabtei Tegernsee wurde aufgehoben. Und zwanzig Jahre später baute Leo von Klenze König Max I. Joseph ein Schloss.

Von den vielen Kunstschätzen, den kostbaren Schriften und alten Büchern, die während der Säkularisation verloren gingen, ist kaum mehr etwas erhalten. Ein kleiner Teil des ehemaligen Bestandes der berühmten Tegernseer Klosterbibliothek befindet sich heute in der Münchner Staatsbibliothek, doch vieles, der einst größten Klosteranlage Altbayerns, ging für immer verloren.

Dafür ist das Tegernseer Tal heute noch reich an Legenden und mystischen Sagen. Seine idyllische Lage hat immer schon Literaten und Künstler beflügelt. Zu Beginn der Geschichte um das Kloster Tegernsee standen zwei Brüder, die vor Jahrhunderten diese damals recht unwirtliche Gegend besiedelten. Zu Lebzeiten dieser beiden Männer war der Tegernsee von einem dichten Wald umgeben, schier undurchdringlich und von wilden Tieren bevölkert. Wölfe und Luchse durchstrichen das Unterholz auf der Suche nach leichter Beute; die Natur hatte das Tegernseer Tal und seine umgebenden Berge noch fest im Griff.

Adalbert und Otkar, so hießen die beiden Brüder, gehörten einem uralten Adelsgeschlecht aus dem Burgund an – die Mutter entstammte den Agilolfingern – und lebten am Hof des Königs Pippin. Welche Stellung beide dort innehatten, ist nicht überliefert. Vielleicht waren sie königliche Jäger oder Kundschafter, die das Reich auf stolzen Pferden durchritten, um Nachrichten ihres Königs in die entferntesten Winkel des Reiches zu überbringen. Vielleicht spionierten sie Feinde aus oder sorgten einfach dafür, dass die Tafel des Hofstaates immer reichlich gedeckt war. Waren sie enge Vertraute des Königs, die ihn in politischen Fragen berieten, ihm zur Seite standen im täglichen Geschäft des Regierens? Sicher ist jedenfalls, dass sie ihrem König nahe standen, sein Vertrauen genossen und ihm dienten. Und auch über das Aussehen der beiden kann man heute nur noch spekulieren. Die Überlieferung erzählt von zwei ungewöhnlich großen Männern,[38] wahrscheinlich außergewöhnlich zäh und mit Bärenkräften gesegnet.

Eines Tages kam es bei Hofe zu einem tragischen Vorfall, der das Leben der Brüder radikal veränderte. Otkar und Pippin hatten beide jeweils einen Sohn im Jünglingsalter. Die zwei waren gemeinsam aufgewachsen und dicke Freunde von Kindesbeinen an. An besagtem Tag saßen die beiden über einem Schachbrett gebeugt, eifrig vertieft in ein spannendes Spiel. Nach einer Weile gewann Otkars Sohn die Partie und lehnte sich zufrieden in seinem Stuhl zurück. Sein Gegner im Spiel, dermaßen erzürnt über seine Niederlage, begann zu streiten, wüste Flüche auszustoßen und sich immer mehr in Rage zu steigern. Blind vor Wut stieß er seinen Freund auf den blanken Steinboden und begann auf ihn einzuschlagen. Der junge Mann hatte keine Chance. Mit zerschmettertem Schädel und gebrochenen, weit aufgerissenen Augen lag er zusammengekauert in seinem eigenen Blut, getötet durch die Hand seines besten Freundes.

König Pippin erfuhr umgehend von der Tat seines Sohnes. Tief erschüttert gebot er seinen Dienern absolutes Stillschweigen. Wie sollte er seinem treuen Otkar die Todesbotschaft überbringen? Nur ein paar Tage konnte er die traurige Nachricht zurückhalten, dann rief er Adalbert und Otkar zu sich. Als er Otkar fragte, wie man mit großem Leid umgehen sollte, antwortete dieser: »Solches Übel wahrlich ist mit Gleichmut zu tragen.« Erst nach diesem Satz aus dem Munde des treuen Dieners, brachte es Pippin über sich, Otkar den Tod seines Sohnes mitzuteilen.

Was mit dem Mörder, Pippins Sohn, geschah, entzieht sich unserer Kenntnis. Vielleicht hat ihn sein Vater verbannt oder aber den Mantel des Schweigens über die ganze Geschichte gebreitet, um seinen Thronfolger nicht zu verlieren. Otkar entsagte von jenem Tag an dem weltlichen Leben. Er entledigte sich seiner Kleidung und seines Besitzes, zog ein einfaches Gewand über und verfiel in eine tiefe schweigende Trauer. Gemeinsam mit Adalbert verließ er den Hof des Königs und begab sich auf eine lange, entbehrungsreiche Wanderschaft.

Nach vielen Monaten, in denen sie den einfachen Menschen das Wort Gottes verkündet hatten, oft abends hungrig auf dem nackten Erdboden eingeschlafen waren und viele Meilen durch unwegsame Wälder zurückgelegt hatten, kamen sie an das Ufer des Tegernsees, der damals einsam und tiefblau schimmernd in der Wildnis lag. Überwältigt von dieser Schönheit, beschlossen die beiden, sich an Ort und Stelle niederzulassen und ein Kloster zu gründen. Adalbert wurde der erste Abt, Otkar trat als einfacher Mönch dem Orden bei.

36

Cisterzienserinnen-Abtei
Waldsassen

Landkreis Tirschenreuth, Oberpfalz

*Der tragische Bruch einer Männerfreundschaft führte
zur Gründung des Klosters Waldsassen.*

Von der Gründung einer Mönchsniederlassung auf Veranlassung
des Markgrafen Diepold III. von Vohburg im Jahre 1133 bis hin
zur Erhebung des evangelischen Glaubensbekenntnis zur Lan-
desreligion 1556 durch Kurfürst Ottheinrich von der Pfalz
spannt sich der Bogen der Geschichte Waldsassens. 1571 wurde das Kloster komplett aufgehoben. Nach dem Dreißigjährigen
Krieg wurde die Region erneut katholisch. Auf Veranlassung des
Kurfürsten Ferdinand Maria zogen 1661 Zisterzienser aus Fürstenfeld in die verfallenen Klostergebäude ein. Der Wiederaufbau
begann und im Jahre 1704 erstrahlte nach zweiundzwanzig-
jähriger Bauzeit eine der längsten Barockkirchen Altbayerns in
neuer Pracht. Lediglich das Gotteshaus der Zisterzienserabtei
Fürstenfeld konnte es mit der 82,7 Meter langen Stiftsbasilika
in Waldsassen aufnehmen.

Ein barocker Traum ist der beeindruckende Bibliothekssaal
der Abtei Waldsassen. Er ist nur mit Führung zu besichtigen. Ursprünglich standen vierundzwanzigtausend Kostbarkeiten in
den reich verzierten, zweigeschossigen Regalen. Heute ist der
imposante Raum nur noch mit zweitausend Büchern bestückt.

Das liebevoll eingerichtete Stiftlandmuseum, nicht weit von
der Basilika entfernt, entfaltet vor dem Auge des Betrachters den
langen Weg von Stadt und Kloster durch die Geschichte.

Nicht weit von Waldsassen entfernt liegt der Ort Konnersreuth. Hier lebte einst die berühmte Therese Neumann (geb.
1898, gest. 1962), die »Resl« von Konnersreuth, auf deren Körper 1926 erste Stigmen erschienen. Ihr Geburtshaus ist heute ein
Museum.

Waldsassen liegt nicht weit entfernt von der Grenze zur Tschechischen Republik. Sie erreichen es auf der A 93 München-Hof, Ausfahrt Mitterteich-West. Von dort geht es weiter auf der B 15 und dann auf der B 299 nach Waldsassen.

www.waldsassen.de
www.pirabel.de/klosterleben.htm

In der äußersten Ecke Altbayerns in der heutigen Oberpfalz, einen Katzensprung von der tschechischen Grenze entfernt, liegt Waldsassen. Eine kopfsteingepflasterte Kleinstadt, die ihren Namen der weltberühmten Abtei verdankt, die sich mächtig und haubenbekrönt aus ihrer Mitte erhebt.

Stiftland wird seit jeher die Gegend um das beeindruckende Cisterzienserinnenkloster an der Wondreb genannt, eine Bezeichnung, die auf die große Bedeutung der Abtei in früheren Zeiten hinweist. Und auch heute noch schmückt sich die Klosterstadt Waldsassen, die sich als Mittelpunkt dieser Kulturlandschaft versteht, mit dem Attribut Perle des Stiftlands.

Im Frühherbst empfangen die Waldsassener ihre Besucher mit Steinpilzen und Pfifferlingen. Dazu gibt es Dotsch – so heißen hier die Reiberdatschi (Kartoffelpuffer). An den Tisch gebracht wird das Ganze mit einem unverkennbaren Dialekt, an den sich so manches Ohr erst einmal gewöhnen muss.

Die Türme der Basilika, wie die Kirche seit 1969 genannt wird, seit sie zur päpstlichen Basilica Minor erhoben wurde, sind umhüllt von tief hängenden, eiskalten Nebelschleiern. Fröstelnd, mit rot gefärbten Wangen und hochgestellten Mantelkrägen, folgen die Waldsassener dem Ruf ihrer Kirchenglocken. Der Gottesdienst beginnt in zwanzig Minuten.

Drinnen ist es auch nicht recht viel wärmer. Die Kirchenbesucher hocken dicht an dicht in den Bänken. Die Kinder in den vorderen Reihen klappern mit den Zähnen und haben ihren Spaß dabei. Lediglich die vielen prächtig gekleideten Skelette, vor allem Katakombenheilige, mal stehend, mal liegend in ihren geschmückten Glasschreinen, stellen breit grinsend ihre Gebisse zur Schau. Diese Zeitgenossen aus früheren Jahrhunderten, denen Leid, Kälte und Entbehrungen sicher nicht fremd waren, ruhen heute bequem und warm angezogen in ihren Schneewittchensärgen, umgeben von prachtvollem Ambiente.

Zwei dieser Knochenmänner haben vor langer Zeit einmal einen dreisten Dieb verscheucht. Als besagter Langfinger in rabenschwarzer Nacht durch das Kirchenschiff schlich und sich gerade ein paar Edelsteine aus ihren Fassungen brechen wollte, erhoben sich die beiden Skelette drohend und ergriffen mit knochigen Händen ihre Schwerter. Erschrocken rannte der Mann los und hetzte wie blind durch die Kirchenbänke. In der Hektik fand er den Ausgang nicht und lief stattdessen vor zum Altar. Dort brach er tot zusammen. Die beiden Heiligen haben bis heute ihre schaurigen Drohgebärden hinter Glas beibehalten.

Gerwig von Volmarstein (auch Gerwich von Wolmund-stein), Ritter und Edelmann aus dem Rheinischen, hatte den Markgrafen Diepold kennen gelernt, als er diesem erfolgreich seine ritterlichen Dienste angeboten hatte. Bereits Monate zuvor war Gerwig durch die Provinzen gezogen, hatte so manchem Herrn gedient und war nun nach Bayern gekommen. Zwischen dem Fürsten und dem Edelmann entspann sich sehr schnell ein inniges Band der Freundschaft, das durch nichts und niemanden durchtrennt werden konnte – so schien es zumindest.

Gemeinsam zogen die beiden von nun an durch das Land und kämpften Seite an Seite. Eines Tages jedoch, als ein wichtiges und großes Turnier anstand, wurden die Freunde gegen ihren Willen getrennt und in »verschiedenen Kampfreihen aufgestellt«.[39] Es kam, wie es kommen musste: Gerwig verletzte Diepold mit seiner Lanze am Hals, weil er den Freund aus der gegnerischen Partei heraus nicht mehr erkennen konnte. Diepold ging zu Boden und Gerwig gleich mit ihm. Wehklagend kniete er neben dem verletzten Fürsten. Alle Beteuerungen, dass die Wunde schnell verheilen würde und kein allzu großer Schaden entstanden sei, nützten nichts: Untröstlich, voller Schmach und Schande, kehrte Gerwig Bayern und seinem Freund den Rücken und begab sich zurück in seine Heimat.

Jahre gingen ins Land. Die Gewissensbisse, dem Freund Leid und Schmerz zugefügt zu haben, hatten den ehedem so stolzen Ritter Gerwig hinter die Mauern des Benediktinerklosters Siegburg getrieben. Auf Grund seiner Freundlichkeit und Aufgeschlossenheit Fremden gegenüber hatte man ihn mit der Bewirtung der Gäste betraut. Gerwig war zufrieden damit. Eines Tages wurde der Regensburger Dompropst Kuno auf ihn aufmerksam. Und nachdem er selbst feierlich auf den Bischofsstuhl berufen worden war, dauerte es nicht lange und er berief Gerwig nach Regensburg.

Lange allerdings hielt es den frommen Gerwig nicht in der Stadt. Ihm waren Prunk und Pomp sowie Speis und Trank im Überfluss eine Qual. Es zog ihn hinaus in die Einsamkeit, wo er nur dem Allmächtigen zu dienen brauchte. Ausgestattet mit einem Schreiben des Bischofs Kuno, das ihm erlaubte, sich in jedem beliebigen Ort der Diözese Regensburg niederzulassen, zog Gerwig alsbald Richtung Böhmen. Ohne es zu wissen, übertrat er dabei die Grenze zum Herrschaftsgebiet seines einstigen Freundes Diepold und mit ein paar Freunden begann er genau dort, im so genannten Kelergrün, zwischen Eger und Waldsassen, die Wildnis zu roden und das Land urbar zu machen.

Das geschäftige Treiben im dichten Wald blieb natürlich nicht unbemerkt. Und doch hatte der Zufall gehörig seine Finger mit im Spiel, als sich die alten Freunde endlich wieder gegenüberstanden: Diepold befand sich auf der Jagd, genauer, einer Wildsau dicht auf den Fersen, als er plötzlich auf eine Lichtung stieß, die da eigentlich nicht hätte sein sollen. In diese entlegene Ecke seines Besitzes kam er recht selten, doch den Befehl zur Rodung hatte er mit Sicherheit nicht gegeben. Der dreckverschmierte Typ, der sich dann auch noch scheinheilig vor ihm in den Staub warf, gab dem Fürsten den Rest. Gewaltiger Zorn stieg in ihm auf und explodierte an der Oberfläche zu einem schrecklichen Donnerwetter.

Die angespannte Situation löste sich dann jedoch schnell in allgemeines Wohlgefallen auf, als der Markgraf endlich bemerkte, wen er da überhaupt vor sich hatte. Überglücklich schloss er den alten Freund in die Arme. Und nach einer lebhaften Diskussion einigten sich die beiden darauf, dass Gerwig so viel Land vom Markgrafen erhalten sollte, wie er an einem Tag umschreiten konnte. Der Gründung eines neuen Klosters stand nun endgültig nichts mehr im Wege. Am Ufer der fischreichen Wondreb entstanden bald die ersten Bethütten.

Nach einiger Zeit, mittlerweile waren feste Unterkünfte im Wald errichtet worden und hier und da lugte auch schon zaghaft ein Weizenspross durch die bearbeitete Erde, machte sich Gerwig auf den Weg, um beim heiligen Bernhard höchstpersönlich um eine Hand voll Ordensmänner zu bitten, die seine bescheidene Neugründung besiedeln sollten. Dem Heiligen mangelte es jedoch selbst an gottergebenen Männern und auch die vielen anderen Klöster, die Gerwig auf seinem Heimweg aufsuchte, konnten keinen einzigen Mönch entbehren. Lediglich das Kloster Volkenroda erklärte sich bereit, drei Ordensmitglieder zur Gründung eines Konvents in die Wildnis zu entsenden. Wigand, der eifrigste und frömmste unter den dreien, wurde bald nach seiner Ankunft mit Zustimmung aller zum Prior der kleinen Gemeinschaft erhoben. Und ebendiesem Wigand widerfuhr dann eines Nachts eine seltsame Begegnung: Schon vor dem Morgengrauen hatten sich die Brüder von ihren Lagern erhoben und waren bereits fröhlich bei der Arbeit, als sich die ersten zaghaften Streifen der Dämmerung über den Baumwipfeln ankündigten. Plötzlich erhellte ein gleißender Lichtkegel den Himmel und vor den Augen aller bewegte sich eine Prozession von Geistlichen, samt Weihwedel schwingendem Bischof, auf die Ansiedlung herab. Zitternd warfen sich die Männer auf die Erde und auch Wigand verbarg sich erschrocken und voller Furcht hinter einem Baum.

Unbeirrt näherte sich der hohe Würdenträger der Lichtung. Vor Wigand – hinter seinem Baum – blieb er freundlich lächelnd stehen. Ein zaghaftes Gespräch entspann sich, in dessen Verlauf sich herausstellte, dass dieser Bischof in prachtvollem Gewand kein Geringerer als der Evangelist Johannes höchstselbst war, gesandt von Gott, um Wigand zu bitten, diesen Ort der heiligen Muttergottes und dem Allmächtigen zu weihen. Zudem prophezeite er den Bewohnern des neuen Klosters »Heimsuchungen aller Art«, denn nur durch Prüfungen und Entbehrungen sei es möglich, in den himmlischen Frieden einzugehen.

Johannes verschwand nach diesen Worten in den unendlichen Weiten des Morgenhimmels und bald darauf erschien ein Rudel Wölfe, das sich im Kreis gruppierte und ein schauerliches Geheul anstimmte. Gelehrten zufolge waren dies Dämonen, »die voll Hass auf die Heiligkeit des Ortes und den Gottesdienst waren und mit ihren aufgesperrten Rachen und ihrer Raserei vorauswiesen auf die Not und die Bedrängnis, welche die Diener Gottes an diesem Ort erdulden sollten«.[40]

Gerwig und Wigand ließen sich davon natürlich nicht aus der Ruhe bringen. Sie errichteten ein wunderschönes Gotteshaus und weihten es dem Evangelisten Johannes und der sternenbekränzten Himmelskönigin, der Heiligen Jungfrau Maria.

37

Benediktinerabtei Weltenburg
an der Donau

Landkreis Kelheim, Niederbayern

Eine uralte, über Jahrtausende gewachsene Landschaft erwartet Sie in Weltenburg. Wie ein kostbares Schmuckstück schmiegt sich das weltberühmte Kloster nahe an das Ufer der Donau.

Spärliche Überlieferungen lassen darauf schließen, dass bereits zu Beginn des 7. Jahrhunderts Kolumbanermönche, genauer die Kolumbanschüler St. Eustasius und St. Agilus aus Luxeuil, ein Kloster als Ausgangspunkt für die Missionierung Bayerns gründeten. Nachdem die beiden Mönche aus dem fernen Burgund im tiefen, urwüchsigen Bayern Fuß gefasst hatten, ging es mit Weltenburg stetig aufwärts. Um 700 weihte vermutlich der heilige Rupert die Klosterkirche St. Georg. Und in dem Agilolfinger Tassilo III. fand das Kloster später einen großzügigen Förderer. 788 stürzte Karl der Große den bayerischen Herzog und Weltenburg ging an den berühmten Herrscher über. Das Kloster wurde im Laufe der Jahrhunderte durch Überfälle in Kriegszeiten und viele Hochwasser immer wieder zerstört. Erst im beginnenden 18. Jahrhundert setzte eine neue Blüte ein. Die heutige Abteikirche wurde 1716 errichtet.

Vor den Klostermauern liegen die Anlegestellen der Donauschifffahrt. Der legendäre Donaudurchbruch ist nicht weit. Zwischen Weltenburg und Kelheim liegt ein sagenumwobener Felsen im Wasser, die »Versteinerte Jungfrau«.

Sie erreichen Weltenburg über die A 93 München-Regensburg, Ausfahrt Siegenburg. Weiter geht es auf der B 299 nach Neuburg an der Donau. Von dort führt eine Landstraße nach Weltenburg (ausgeschildert).

www.kloster-weltenburg.de

In atemberaubender, romantischer Lage auf einer Kieszunge an der Donau, liegt die weltberühmte Benediktinerabtei Weltenburg. Der Fluss umspült in einer grau-grünen Schleife eines der ältesten Klöster Bayerns, das sich harmonisch in die Urlandschaft des Fränkischen Jura einfügt und heute staunende Besucher aus nah und fern anzieht. Ursprünglich sollte dieser sorgsam ausgewählte Standort nahe des sagenumwobenen Donaudurchbruchs wohl Weltabgeschiedenheit und eine gewisse Sicherheit garantieren. Heute gibt es für die Zeitgenossen des 21. Jahrhunderts hingegen kaum mehr Hindernisse; das Kloster Weltenburg ist für Jung und Alt bequem über eine asphaltierte Straße zu erreichen. Wie schön und unberührt muss es früher wohl an der Donau gewesen sein, trotz des kargen, harten Lebens der Mönche.

Wie so oft auf unserer Reise zu den Klöstern Altbayerns, beginnt auch hier der Besuch auf einem überdimensionalen Parkplatz, von dem eine Uferstraße zum Kloster führt. Mit dem Kauf diverser Andenken können Sie, trotz des »verführerischen« Angebots entlang des Weges, jedoch getrost warten, denn es lockt unter anderem noch der hiesige Klosterladen mit seinem Sortiment.

Im Klosterhof lädt im Sommer der Biergarten des Klostergasthofs zur Rast ein, mit Blick auf die direkt gegenüberliegende Brauerei, deren Gerstensaft hier frisch und gut eingeschenkt auf den Tisch kommt. Überhaupt kann man sich mit dem Bier aus einer der ältesten Brauereien der Welt – 1050 wurde sie aus der Taufe gehoben – quasi durch die gesamte Klostergeschichte trinken. So süffige Namen wie *Urtyp Hell*, *Anno 1050*, *Asam Bock* oder *Barock Dunkel* lassen sowohl das Historikerherz als auch das des Bierliebhabers höher schlagen.

Zu den weltlichen Genüssen gesellt sich im Inneren der St.-Georg-und-Martin-Kirche der Kunstgenuss hinzu. Erstaunlich klein offenbart sich dem Besucher das fast runde Kirchenschiff und sofort zieht, silbern und golden glänzend, der heilige Georg die Aufmerksamkeit auf sich; wie er da stolz und siegessicher auf einer hell erleuchteten imaginären Bühne lässig den fauchenden Drachen niedersticht. Dem jungen Egid Quirin Asam ist diese Arbeit zuzuschreiben, nachdem er zuvor im nahe gelegenen Kloster Rohr mit seiner Figurengruppe Mariä Himmelfahrt sein erstes großes Meisterwerk vollbracht hatte. Sein Bruder Cosmas Damian Asam hatte beim Bau der Klosterkirche zu Weltenburg natürlich auch gehörig seine Finger mit im Spiel.

Beim Verlassen der Kirche warten noch zu guter Letzt die Beichtstühle der Fatima-Kapelle mit einer kleinen Kuriosität auf. Auf den ersten Blick recht schlicht gehalten, offenbaren sie beim zweiten Hinsehen eine bemerkenswerte, moderne Errungenschaft: Sie sind, Verkehrsampeln gleich, mit roten und grünen Lämpchen ausgestattet. Das Beichtgeheimnis wird also stets gewahrt! Der Geistliche wird zum Verkehrspolizisten. Dank moderner Technik platzt kein Außenstehender mehr in die intime Sündenaufzählung.

Dem Sturz Herzog Tassilos III. ging ein langer Machtkampf voraus. Nach vielen Schlachten, der Androhung eines Kirchenbanns und einem konzentrierten Großangriff der Franken auf Bayern ereilte 788 Tassilo schließlich sein Schicksal. Der Agilolfinger und seine Familie wurden verhaftet und vor Gericht gestellt. Karl der Große, damals noch Frankenkönig, verurteilte Tassilo zum Tode, vollstreckte aber das Urteil nicht, sondern verbannte den Herzog, dessen Gemahlin Luitberga und die vier Kinder – zwei Söhne, zwei Töchter – zu einem Leben hinter Klostermauern. Am 6. Juli 788 wurde Tassilo in St. Goar zum Mönch geschoren. Nachdem er zunächst in ein Kloster bei Rouen geschafft wurde, verliert sich dann seine Spur.

Eine schreckliche Überlieferung berichtet, dass Tassilo nach dem Rechtsspruch Karls geblendet wurde. Ein glühendes Schild wurde so lange vor die Augen des ehemaligen Bayernherzogs gehalten, bis dessen Augenlicht für immer schwand; danach wurde der arme Tropf ins Kloster verfrachtet, um sein restliches Leben mit Beten und Büßen zu verbringen. Tassilo gab sich fürderhin den Namen Romuald und lebte, unbehelligt von weltlichen Dingen, unter der schützenden Hand einer Glaubensgemeinschaft.

Eines Tages, als Karl der Große im nahe gelegenen Regensburg weilte, nutzte der spätere Kaiser die Gelegenheit, um dem Kloster Weltenburg einen Besuch abzustatten.[41] Karl speiste mit den Mönchen im Refektorium zu Abend, da entdeckte er nach beendetem Mahl einen alten, blinden Mönch, der ihm merkwürdig bekannt vorkam. Er erkundigte sich beim Abt nach der Herkunft des greisen Mönchs, erhielt jedoch keine befriedigende Auskunft. Lediglich, dass der blinde Bruder vor Jahren aus dem Rheinischen hierher übergesiedelt war und sich selbst den Namen Romuald gegeben hatte, wusste der Abt zu berichten.

In der darauf folgenden Nacht zog sich Karl zum Gebet in die Klosterkirche zurück. Plötzlich schreckte er aus tiefer Meditation hoch. Tappende Schritte drangen an sein Ohr und im gleichen Augenblick erkannte er den blinden Mönch, geführt von einem lichtumflossenen Engel. Auf unsicheren Beinen schritt Romuald die Altäre der Kirche ab, kniete vor jedem nieder und verrichtete seine Andacht. Der Engel folgte ihm dicht auf den Fersen, immer bereit, den strauchelnden Blinden aufzufangen. Verstört und in höchstem Maße erstaunt, zog sich Karl in seine Zelle zurück, um in der folgenden Nacht gemeinsam mit dem Abt in die Klosterkirche zurückzukehren, in der sich das Schauspiel auch prompt wiederholte.

Nach verrichteter Andacht schlurfte der alte Mönch, gefolgt von dem strahlenden Himmelsboten, der sich übrigens bei näherer Betrachtung als ein außerordentlich gut aussehender Jüngling entpuppte, zu den Klostergebäuden zurück. Auf Zehenspitzen folgten Abt und König. In der kargen Zelle des Alten sprach der Abt dann behutsam seinen Mitbruder an und erzählte ihm, dass sein Herr und Gebieter, Karl der Große, hier neben ihm stehe, um zu erfahren, wer er in seinem weltlichen Leben gewesen war. Da fiel der blinde Mönch zu Karls Füßen nieder und sprach: »O Herr! Viel habe ich gegen dich gesündigt; meine Buße währet für und für. Tassilo war ich ehedem geheißen!«[42]

Man erzählt sich, dass er nach seiner Begegnung mit Karl darum bat, ins Kloster Lorsch am Rhein zurückkehren zu dürfen, wo er dann auch 794 starb. Ein spektakuläreres anderes Ende jedoch, welches definitiv ins Reich der Legende fällt, liest sich wie folgt: Nachdem Karl Tassilo all seine Schuld vergeben hatte, küsste der alte Mönch ergriffen die Hand des Herrschers, sank mit einem glücklichen Ausdruck auf dem zerfurchten Gesicht zu Boden und starb.[43]

38

Kloster der Missions-Benediktinerinnen, ehemaliges Benediktinerkloster Wessobrunn

Landkreis Weilheim-Schongau, Oberbayern

Ein seltsamer Traum veranlasste den jungen Tassilo hier in Wessobrunn ein Kloster zu gründen.

Als Gründungsdatum des Klosters, das auf einem Bergrücken nördlich des Hohenpeißenbergs liegt, gilt das Jahr 753. Sicher bezeugt sind jedoch nur das 8. Jahrhundert und die Stiftung durch das Adelsgeschlecht der Huosi. Der Bayernherzog Tassilo förderte durch großzügige Schenkungen das Kloster, das nach seinem Sturz 788 durch Karl den Großen zum Reichskloster wurde. Nachdem die Ungarn die Anlage 955 komplett zerstört hatten, ging man im 11. Jahrhundert an den Wiederaufbau. Nach einem Brand um das Jahr 1220 war ein weiterer Neubau unumgänglich geworden. Die Säkularisation brachte Anfang des 19. Jahrhunderts Zerstörung und das Ende für das Benediktinerkloster Wessobrunn. Ein großer Teil der Klosteranlage und die Klosterkirche wurden abgerissen. In den Jahren 1757 bis 1759 entstand die heutige Pfarrkirche.

Im Rahmen einer Führung können Sie den so genannten Tassilosaal und den Prälatentrakt besichtigen, die beiden letzten erhaltenen Zeugnisse barocker Prachtentfaltung im Wessobrunner Kloster.

Von Wessobrunn aus lässt es sich wunderbar zum Hohenpeißenberg oder nach Dießen am Ammersee wandern.

Wessobrunn liegt südlich des Ammersees. Sie erreichen es auf der A 96 München-Lindau, Ausfahrt Oberpfaffenhofen. Von dort aus geht es weiter über Herrsching, Fischen und Pähl nach Weilheim. In Weilheim biegen Sie ab Richtung Landsberg am Lech. Nach ca. 11 km erreichen Sie Wessobrunn.

www.kloster-wessobrunn.de

In den letzten Tagen des August besuchte ich das Kloster Wessobrunn. Der Herbst hatte schon zögernd begonnen, seine Fäden zu spinnen, und über der drückenden Hitze des Spätsommers lag bereits ein Hauch Frische. Der Altweibersommer kündigte sich an.

Die Klosteranlage mit ihren wenigen noch erhaltenen Gebäudetrakten und dem weitläufigen, grasbewachsenen Klosterhof ist weit über die Grenzen Altbayerns hinaus ein Begriff, denn aus Wessobrunn kamen einst die berühmtesten und geschicktesten Stuckateure. In vielen Kloster- und Pfarrkirchen können Sie die Kunstfertigkeiten der Wessobrunner bewundern, deren Kreis von 1600 bis 1800 rund sechshundert bekannte Künstler fasste.

Mit fliegenden roten Rockschößen und weißen Spitzenüberwürfen eilten ein paar Messdiener zwischen mir und dem alten Glockenturm (auch Grauer Herzog genannt) mit einer wunderbar gammeligen, großen Uhr, deren mattgoldene Zeiger minütlich träge nach vorn rücken, Richtung Pfarrkirche St. Johann Baptist. Dann wurde symbolisch mit einem Band das Kirchenportal verschlossen und ich wurde Zeugin des ersten stürmischen Kusses eines frisch vermählten Ehepaares, das glücklich aus der Kirche geschritten kam.

Nicht weit entfernt von Kloster und Pfarrkirche, die in ihrem prächtigen Inneren unter anderem ein großes, romanisches Kruzifix aus der Zeit um 1250 birgt, steht die so genannte Tassilolinde, Hauptattraktion für viele Besucher aus nah und fern. Dieser mehr als tausendjährige Baum mit seinen einzelnen Stämmen, die allesamt aus einem Wurzelstock wachsen, hat der Legende nach nicht unwesentlich zur Klostergründung mit beigetragen.

Ein weiterer Anziehungspunkt für viele ist das »Wessobrunner Gebet«, dessen Text, in karolingischer Zeit (um 814) entstanden, als das »älteste Schriftstück christlicher Prägung«[44] gilt und das sich heute im Original in der Bayerischen Staatsbibliothek in München befindet. Einer nicht bestätigten Überlieferung nach wurde das weltberühmte Gebet weder in den Schreibstuben von St. Emmeram in Regensburg verfasst noch in einem Augsburger Kloster, sondern hier im idyllischen Pfaffenwinkel. Eine Abschrift davon, in Stein gehauen, schmückt, am Fuße einer mehrere hundert Jahre alten Dorflinde, den Ort.

Im Jahre 753 ging Herzog Tassilo III., der Letzte aus dem Geschlecht der Agilolfinger, mit seinen beiden besten Freunden, Wesso (auch Wezzo) und Tharingari, auf die Jagd. Tassilo war damals noch ein recht junger Spund. Glaubt man den Historikern, war er erst zwölf Jahre alt. Das Alter seiner Kumpel ist nicht überliefert, aber beide waren bereits zum Ritter geschlagen.

Die drei hatten beschlossen, auf Wildschweinjagd zu gehen, und hatten sich dazu die Wälder und Ländereien zwischen Ammer und Lech ausgesucht. Den ganzen Tag eifrig auf Fährten- und Spurensuche, hatten die Freunde nicht auf die Zeit geachtet und als sie endlich nach dem

Stand der Sonne schauten, bemerkten sie, dass die Abend-
dämmerung bereits hereinbrach und sie sich zu allem
Überfluss auch noch hoffnungslos verirrt hatten. Was tun?
Zurück nach Hause, durch finstre Nacht und unwegsames
Gelände, das konnte sie Kopf und Kragen kosten. Da war
es besser, über Nacht im Wald zu bleiben.

Tassilo entdeckte als Erster die große Linde mit ihrem
breiten, ausladenden Blätterdach. »Lasst uns hier ein
Nachtlager aufschlagen«, rief er seinen beiden Gefährten zu. »Diese Linde wird uns Schutz vor Regen und Unwetter gewähren.« Und schon bald prasselte ein gemüt-
liches Feuer nahe dem mächtigen Baum und der erlegte
Eber wanderte, Stück für Stück fein gebraten, in die Bäu-
che der Jäger. Nachdem ihr Hunger gestillt war, machte
sich Schwere in den Gliedern der jungen Männer breit und
bald wurden Wesso und Tassilo die Augenlider schwer,
während es sich Tharingari zur ersten Wache neben dem
Feuer bequem machte; die Waffen griffbereit neben sich.

Den Kopf auf eine Wurzel gebettet, fiel Tassilo, der
junge Herzog, sogleich in tiefen Schlaf und ein eigenarti-
ger Traum bemächtigte sich seiner. Drei kristallklare Quellen flossen aus dem Blau des Himmels und vereinigten sich
vor ihm zu einem Kreuz. Aus dem Ort, an dem sie zu-
sammenflossen, erhob sich plötzlich eine Art Leiter, eine
golden schimmernde Treppe, die sich immer höher und
höher wand, bis sie sich in den fernen, lichtdurchfluteten
Wolken verlor. Ganz klein und ehrfürchtig fühlte sich
Tassilo am Fuße dieser Himmelsleiter und gleichzeitig sah
er sich selbst, schlafend und am Boden zusammengerin-
gelt, unter dem schützenden Blätterdach des Baumes. An
der Leiter erschienen nun Engel, die, wunderschön anzusehen, emsig auf und ab schwebten. Ganz oben in den

Wolken erblickte er das gütige und weise Gesicht des heiligen Petrus, der mit kräftiger, volltönender Stimme das Offizium sang.

Verstört und seltsam berührt öffnete Tassilo seine Augen. Er lag noch immer am Fuße der Linde. Die Leiter war weg und der Himmel schien grau und bedeckt. All das Licht und die Herrlichkeit waren verschwunden. Bewegt erzählte der Herzog seinen Freunden von dem schönen Traum, während sie sich an der restlichen Glut des Lagerfeuers ihre steifen Knochen aufwärmten.

Wesso und Tharingari waren sofort hellauf begeistert und beschworen ihren Kameraden, die Quellen zu suchen. Jung und mit einer gehörigen Portion Neugier ausgestattet, begannen sie den dichten Wald nach dem göttlichen Nass abzusuchen. Denn eines war sicher, dieser Traum musste ein Fingerzeig des Allmächtigen gewesen sein! Es war schließlich Wesso, der nicht unweit ihres Nachtlagers die Quellen fand, still, mit glasklarem Wasser, das kreuzförmig aus der Erde quoll. Voll Ehrfurcht fielen die drei auf die Knie und lobpreisten Gott. Noch im gleichen Jahr ließ Tassilo ein Kloster an genau dieser Stelle errichten und benannte es nach seinem Freund, dem Entdecker der Quellen, Wessobrunn.

39

Ehemaliges Augustiner-Chorherren-stift Weyarn

Landkreis Miesbach, Oberbayern

Eine fehlgeleitete Kugel zerstörte von einer Sekunde auf die andere das glückliche Leben eines edlen Grafen.

1133 wurde durch Graf Siboto II. von Neuburg und Wiare ein Augustiner-Chorherrenstift gegründet. Früher erhob sich an gleicher Stelle eine wehrhafte Burg, die der Graf, im Gründungsjahr des Klosters, in einem Tauschgeschäft mit dem Salzburger Erzbischof an die Augustiner-Chorherren übergab. Zunächst entstand ein romanisches Gotteshaus, dem später eine gotische Kirche folgte, die 1374 eingeweiht wurde. Im Jahr 1687 ging man an den Neubau der Stiftskirche. 1693 waren die Bauarbeiten beendet.

Jedes Jahr im Herbst veranstaltet Weyarn den so genannten Klosterlauf, einen Marathon für Läufer, Radfahrer und Inlineskater, an dem jeder teilnehmen kann.

Ein Besuch des ehemaligen Stifts Weyarn lässt sich gut mit einer Klostertour nach Reutberg und Tegernsee verbinden.

Sie erreichen Weyarn über die A 8 München-Salzburg, Ausfahrt Weyarn.

www.weyarn.de

Weyarn, mit seinem schönen alten Ortskern, liegt im so genannten Mangfallknie und die Fahrt hierher führt durch eine mystische Landschaft. Düster ist es dort unten an der Mangfall, gerade im Herbst, wenn Wind und Regen die braunen Blätter von den Ästen der Bäume peitschen. Leider kommt immer wieder die Autobahn ins Blickfeld. Einmal spannt sie sich hoch oben über den Wipfeln des Waldes und scheint fast die Wolken zu berühren, meist jedoch begleitet sie die Landstraße wie eine lästige Urlaubsbekanntschaft, die nicht abzuschütteln ist und ständig plappert.

Am Rande eines Bergabhangs liegt das Kloster Weyarn. Die kleine, ehemalige Burgkapelle St. Jakob aus dem frühen 12. Jahrhundert gleich gegenüber der Kirche weist heute noch auf die ursprüngliche Bestimmung dieses Ortes hin. Sie grenzt direkt an das Gebäude, in dem die Glaubensbrüder des Deutschen Ordens heute wirken. Und daneben begrüßt die Volksschule Weyarn jedes Jahr ihre Schulanfänger mit einem bunten »Herzlich willkommen« in großen Lettern über der Front des ehemaligen Klosterseminargebäudes.

In der Pfarrkirche St. Peter und Paul, der ehemaligen Augustiner-Chorherrenstiftskirche, sticht sofort die wunderbare Verkündigungsgruppe von Ignaz Günther ins Auge. 1764 von diesem Meister der Skulpturen geschaffen, wurde die Figurengruppe früher bei Prozessionen mitgeführt und bereicherte so viele christliche Feste im Jahreslauf der Landbevölkerung.

Heute werden die Sinne durch moderne Kunst in freier Natur angeregt. Wunderbar integriert in die sanft abfallende Landschaft hinter dem Kloster, beweisen Künstler aus dem Landkreis ihr Können. Da hängt zwischen zwei Baumstämmen ein filigranes Gebilde scheinbar in der Luft. Aus einem alten, abgesägten Baumstumpf erwacht neues Leben in Form von rostigen Eisenblüten, die sich zu einem »Tanz der Kreuze« vereinigen. Ein rotes Strichmännchen balanciert gefährlich am Abgrund und den

Pfad hinunter schimmert mattgolden ein Frauentorso mit ausladendem Hinterteil. Ein Ort des Besinnens und des Schauens.

An einem frischen, klaren Herbstmorgen, die Sonne war eben rot und verschwommen, hinter feinen Schleiern verborgen, über den Horizont gestiegen, ging Graf Siegebot (Siboto) vom Schloss Falkenstein aus auf die Jagd.

Berittene Jäger und einfaches Fußvolk, meist Bauern aus der Umgebung, bildeten sein Gefolge, als kurz nach Morgengrauen das Horn zum Aufbruch blies. Auch die Ehefrau des Grafen hatte sich auf einen stolzen Rappen geschwungen und ritt nun anmutig an der Spitze der Jagdgesellschaft. Sie muss eine schöne Frau gewesen sein, mit blonden, wehenden Locken, schlank und zartgliedrig von Gestalt.

Der Graf hatte natürlich nur Blicke für seine junge Frau, die da mit einem frohen Lächeln auf den Lippen vor ihm durch das taunasse Gras ritt. In ihrer rechten Hand umklammerte sie mit zarten Fingern den Speer, über der linken Schulter baumelte ein Gewehr.[45] Ein grob gewebtes Reitkleid umhüllte ihren Körper und Siegebot grinste bei dem Gedanken daran, was sich darunter befand. Aufgeräumt und glücklich folgte er seiner Frau und seine gute Stimmung griff auf die Jagdgesellschaft über. Selbst die Hunde gebärdeten sich noch übermütiger als sonst. Die Gräfin gab ihrem Pferd die Sporen und bald verschwand sie aus dem Blickfeld des Trosses. Die Jagd hatte begonnen.

Feucht und kühl zog zarter Dunst durch das Mangfalltal. Nächtliche Schatten hingen noch zwischen den Bäumen. Die Gräfin fröstelte. So leise wie möglich ritt sie die Hänge oberhalb des Flusses entlang, spähte ins Dickicht hinein und spitzte die Ohren. Da, von einer Baumgruppe halb verdeckt, nur ein paar Meter von ihr entfernt, stand plötzlich ein kapitaler Hirsch samt Familie. Neben dem Sechzehn-Ender knabberte eine Hirschkuh an der Rinde eines jungen Baumes und dicht an ihre Flanken schmiegte sich ein Kitz.

Die Gräfin fackelte nicht lange. Routiniert und blitzschnell legte sie sich das Gewehr an die Wange, zielte und drückte ab. Ein lauter Knall zerriss den Morgen – und plötzlich geschah etwas Unfassbares. Das tödliche Geschoss prallte am Geweih des Hirschen ab, machte zischend kehrt und traf die junge Frau mitten ins Herz.

Siegebot, durch den Schuss aufgeschreckt, kam herbeigeeilt und sah seine Liebste regungslos auf der Erde liegen. Blut sickerte aus der Brust. Schluchzend sank er neben der Gattin auf die Knie. Leise, mit brechenden Augen, flüsterte diese ihrem Mann eine Bitte ins Ohr, dann starb sie in seinen Armen.

Eine traurige Gesellschaft trat wenig später den Rückweg zum Schloss an, den Leichnam der schönen Gräfin in ihrer Mitte. In den Häusern rund um Schloss Falkenstein wurde in den folgenden Tagen getratscht und getuschelt: »Wer schießt schon auf einen Hirschen mit junger Brut, das musste ja schief gehen!« Der Graf oben im Schloss war untröstlich, ein gebrochener Mann. Die geflüsterte Bitte seiner toten Gemahlin erfüllte er dennoch recht bald. Oberhalb der Unglücksstelle ließ er ein Kloster errichten, von dem aus heute noch die Glocke durch den Weyarn-grund tönt.

40

Prämonstratenser-Abtei Windberg

Landkreis Straubing-Bogen,
Niederbayern

Der Fußabdruck eines Ochsen, direkt neben einem
Pfeiler in der Windberger Kirche, gibt den Besuchern
heute noch Rätsel auf.

Seit dem 12. Jahrhundert, genauer seit kurz vor 1140, leben die
Prämonstratenser auf dem Berg. Bereits 1142 konnten die Altäre
der ersten, romanischen Kirche eingeweiht werden. Die Stammburg der Grafen von Bogen soll sich hier einst lange vor einer
Mönchsniederlassung erhoben haben. Graf Albert I. von Bogen
stiftete diesen Platz, beeinflusst von den Predigten des heiligen
Norbert in Regensburg und mit der Unterstützung des Bischofs
Otto von Bamberg, einer Klerikergemeinschaft, die dort oben
bereits lebte – den Prämonstratensern eben –, zur Gründung
eines Klosters. Albert siedelte nach Bogen über und fortan be-
nannten sich die Grafen nach diesem neuen Stammsitz. Im
15. Jahrhundert wurde die Klosterkirche gotisiert; im 18. Jahrhundert folgte eine Umgestaltung des Kirchenschiffs im Sinne
des Rokoko.

Nicht weit von Windberg entfernt befindet sich das ehemalige
Benediktinerkloster Oberaltaich.

Sie erreichen Windberg über die A 92 München-Deggendorf.
Von dort aus fahren Sie weiter auf der A 3 Richtung Regensburg,
Ausfahrt Bogen.

www.t-online.de/home/Kloster-Windberg

In Windberg, einem idyllischen Ort, der von einem Hügel aus auf eine liebliche Landschaft blickt, ist heute der Bär los: Das alljährliche »Kuahgredfest« (Juli) lädt schon am Vormittag zu Bier, Würstl und Cevapcici ein. Vor dem Klostertor aus dem 12. Jahrhundert füllen sich langsam die Bierbänke; dahinter sorgt ein Kulturflohmarkt für Nachschub an spannender Bettlektüre.

Auf der Herfahrt passiert man Hunderdorf, die Heimat des Mühlhiasl (geboren vermutlich 1753, gestorben um das Jahr 1803), wie ein Schild am Ortseingang verspricht.

Die Existenz des bayerischen Sehers ist zwar in manchen Kreisen umstritten, doch ein bisschen Imagepflege und Werbung schaden ja nichts, wenn es dem Tourismus dienlich ist. Der Mühlhiasl hat in seinen Weissagungen übrigens auch das Kloster in Windberg bedacht. Bis heute hat sich die vage Prophezeiung, dass »die Klosterherren in Windberg die längste Zeit gehaust haben«, nicht bewahrheitet, sieht man von der Zeit nach der Säkularisation einmal ab.

Im 10. Jahrhundert lebte auf dem Berg ein Einsiedler namens Winith. Von ihm leitet sich vermutlich der Ortsname Windberg ab, so berichtet jedenfalls die Legende. Doch auch die zugige Lage auf der Anhöhe könnte zu der Namensgebung geführt haben.

Die barocke Haube mag nicht so recht auf den romanischen Turm der Pfarr- und Klosterkirche Mariä Himmelfahrt und heiliger Sabinus und Blasius passen. Das Äußere der dreischiffigen Basilika beeindruckt mit einem nahezu unveränderten, ursprünglichen Zustand. Im krassen, aber wunderbaren Gegensatz dazu steht das Innere des Gotteshauses: fröhlich inszeniertes Rokoko. Ein Palast

Gottes mit blitzenden Kronleuchtern und bunten szenischen Darstellungen an den Langhauspfeilern, die Theateraufführungen gleich, plastisch herausgearbeitet, Einblick in das Leben einiger Heiliger geben. Die golden ausgekleidete Apsis wirft gleißend das Sonnenlicht, das durch zwei Fenster strömt, zurück und eine große sternförmige Uhr schickt behäbig ihre Zeiger im Minutentakt übers Zifferblatt, begleitet von einem lauten, knackenden Geräusch.

Überhaupt befinden sich im gesamten Gotteshaus unzählige Sterne. Sie zieren die Kirchenwände und selbst im Chorgestühl findet man sternförmige Intarsien. Man erzählt sich, dass Abt Bernhard Strelin (1735–1777), der maßgeblich am Innenausbau der Windberger Kirche beteiligt war, eine große Vorliebe für Astrologie hatte und deswegen sein Gotteshaus mit Sternen und dem einen oder anderen Sternzeichen ausschmücken ließ.

Einer der Seitenaltäre in der Windberger Kirche zeigt in bunter Farbenpracht eine szenische Darstellung des heiligen Bischofs Sabinus von Spoleto. Der lebte im 3./4. Jahrhundert in Italien, wo ihn letztendlich auch das Märtyrerschicksal ereilte: Während einer Gerichtsverhandlung wurde der Bischof zum Götzendienst herausgefordert; anstatt jedoch die Götter des Olymp anzubeten, stürzte er eine Jupiterstatue vom Sockel. Dafür wurden ihm beide Hände abgeschlagen. Das Windberger Altarbild zeigt diese Szene. Neben dem im Vordergrund knienden Heiligen hat der Henker Stellung bezogen. Eine Hand wurde dem unglücklichen Sabinus bereits abgeschlagen.

Im Jahr 1191 beschloss Graf Berthold von Bogen die Gebeine des heiligen Sabinus von Italien nach Windberg bringen zu lassen. Um sicherzugehen, dass die kostbaren Reliquien ihren Bestimmungsort auch wirklich erreichen würden, ging Berthold selbst mit auf die Reise.

Wochenlang folgten der Graf und ein kleiner Trupp Bediensteter den Wegen und Straßen nach Rom. So manche Gefahr galt es zu bestehen: In dunklen, unwegsamen Wäldern lauerten Diebe und Räuber auf leichte Beute. In den Bergen weichten sintflutartige Regenfälle die schmalen Pfade auf oder lösten sich Steinschläge von den steilen Wänden. In der Poebene waberte die Hitze schwül und tropisch und gab Ross und Reiter das Gefühl, durch eine Waschküche zu reiten.

Trotz der vielen Strapazen kam die Gruppe wohlbehalten in der heiligen Stadt an. Der Handel um die Gebeine des Heiligen ging schnell über die Bühne. Und ein paar Tage später sah man die Männer aus Bayern schon wieder in Richtung Heimat ziehen. Graf Berthold hatte die Überreste des Sabinus in einen ledernen Sack gepackt und bei einem Viehhändler billig einen starken Ochsen erstanden. Der Sack wurde auf den breiten Rücken des Tieres gebunden und so über die Alpen nach Windberg transportiert.

Dort angekommen, trieben die Männer das erschöpfte Vieh in die Kirche. Eine große Menschenmenge hatte sich eingefunden, um die Ankunft der Reliquien mit einem Gottesdienst zu feiern. Doch mit einem Mal wollte das sture Rindvieh keinen Schritt mehr weitergehen. Berthold zog und zerrte an dem Strick, der um den Hals des Ochsen geschlungen war – vergebens. Noch heute ist der Hufabdruck des Tieres an genau dieser Stelle im steinernen Fußboden des Gotteshauses zu sehen. Der so genannte Windberger Ochsentritt soll den Platz markieren, wo der Heilige beigesetzt werden wollte. Der lederne Sack, in dem Sabinus seine Reise nach Niederbayern angetreten hatte, hing lange Zeit an der Wand des südlichen Querhauses. Er befindet sich jetzt auf dem Speicher des Pfarrhofes; eine Inschrift und der Haken hoch oben im Mauerwerk erinnern noch an ihn.

NACHWORT

Als mir die Idee zu vorliegendem Buch kam, war mir nicht bewusst, dass Bayern und die angrenzenden Länder, die einst gemeinsam das Stammesherzogtum Bayern bildeten, flächendeckend mit Klöstern, Abteien und Stiften überzogen waren und sind. Nun, viele Klöster wurden zur Säkularisation aufgehoben, die Klosterkirchen in Pfarrkirchen umgewandelt; und heute sucht man die Überreste alter Klosteranlagen manchmal vergebens. Doch immer wohnt den Plätzen, an denen die Klöster gegründet wurden, ein fast mystischer Zauber inne. Erhabenheit, Kraft, Gott – ja, und auch Macht – sind an diesen Orten immer noch spürbar und allgegenwärtig.

Nach dem ersten Schock über die riesige Zahl an klösterlichen Niederlassungen in diesem Raum ging es erst einmal ans Aussortieren, was zur Folge hat, dass Sie manches Kloster aus Ihrer unmittelbaren Umgebung in diesem Buch vielleicht nicht finden werden. Den Anspruch auf Vollständigkeit habe ich sehr schnell aufgegeben.

Mein Dank gilt vor allem meinem Freund Nils Rüdiger, dem dieses Buch gewidmet ist. Er begleitete mich auf vielen Klostertouren und erklärte mir anschaulich und geduldig so manchen historischen Zusammenhang.

Viele Freunde und Menschen unterstützten mich bei diesem gewaltigen Projekt. Stellvertretend für all jene, die mir bei meiner Suche nach guten Geschichten und fundierten Fakten behilflich waren, sei hier Dr. Hanns Karl Hornung genannt, der mich kundig und findig durch seine Heimatstadt Landshut geleitete. Viele Arbeitskollegen und Bekannte stellten mir Bücher aus ihren Privatbeständen zur Verfügung und ab und zu begleiteten mich meine Freundinnen an den Wochenenden auf einer der langen Fahrten zu einem Kloster. Katharina führte mich in die wunderbare Welt von Word 97 ein. Ihr und allen anderen, die mir geholfen haben, dieses Buches voranzubringen, bin ich zu Dank verpflichtet.

Vierzig Klosterkirchen, in der Mehrzahl barockisiert, haben Einzug in dieses Buch gehalten. Ich habe bewusst auf kunsthistorische Fachausdrücke und Hinweise verzichtet. Zudem werden Sie festgestellt haben, dass oft auch eine Beschreibung von Klostertrakten, Kreuzgängen und sonstigen Sehenswürdigkeiten fehlt. Alte Klosteranlagen – hinzu kommen Klöster, in denen Ordensbrüder und -schwestern in mehr oder weniger strenger Klausur leben – sind meist nur mit Führungen (oder gar nicht) zugänglich. Ich überlasse dieses Feld gerne den ausgebildeten Fachkräften vor Ort, denn mein Ansinnen ist es, Sie ganz spontan zu Ausflügen zu animieren, ohne große Planung und Rücksichtnahme auf Öffnungszeiten. Fromme Geschichten und märchenhafte Begegnungen sollen Ihre Neugier für eine uralte Kulturlandschaft entfachen, in der heute noch Abteien und Stifte maßgeblich das Bild prägen.

Ich hoffe, es ist mir gelungen, etwas von der Freude, die mir die Arbeit an diesem Buch bereitet hat, an Sie weiterzugeben.

Anmerkungen

1 600 Jahre Gründung des Karmelitenklosters Abensberg, Festschrift zur Wiedereröffnung der restaurierten ehemaligen Karmelitenkirche Abensberg Juli 1989, Abensberg 1989.

2 Die Volkskundlerin Emmi Böck weist im Anhang ihres Buches *Sagen aus Niederbayern* gesondert auf die überdurchschnittlich vielen Teufelssagen im niederbayerischen Raum hin; eine Erklärung dafür hat auch sie nicht. Emmi Böck, Sagen aus Niederbayern, Regensburg 1996, S. 398, Fußnote 42.

3 Den Beruf des Mannes bezeichnet Frau Böck als »Medizinölbrenner«.

4 Emmi Böck, Sagen aus Niederbayern, Regensburg 1996, S. 164.

5 siehe Anmerkung Nr. 4.

6 Josef Rosenegger, Nikolai Molodovsky, Wallfahrten zwischen Inn und Salzach, Freilassing 1985, S. 18.

7 Altötting – Die heilige Kapelle mit Schatzkammer, Altötting 2001, S. 15.

8 Paul-H. Schmidt, Bruder Konrad von Parzham – Klosterpförtner in Altötting, Jestetten 1994, S. 43.

9 Gustl Empfenzeder, Geschichte der Ammerseeheimat, Herrsching 1978, S. 42.

10 Sagen aus Bayern, Hrsg. Günther Kapfhammer, München 1991, S. 273.

11 Sagen aus Bayern, Hrsg. Günther Kapfhammer, München 1991.

[12] Man spricht auch von zwölf Rittern und sechs Witwen sowie zweiundzwanzig Benediktinern, die gemeinsam, unter der Führung eines ritterlichen Meisters, das Gnadenbild beschützen sollten.

[13] Bavaria Sancta Bd. III, Hrsg. Georg Schwaiger, Regensburg 1973, S. 78.

[14] Vera Schauber, Hanns Michael Schindler, Bildlexikon der Heiligen, Seligen und Namenspatrone, München 1999, S. 296.

[15] Ausstellungsstraße Barock und Rokoko, Bayern Süd, Museum ohne Grenzen, Hrsg. Ludwig Tavernier, Mailand/Wien 1999, S. 60.

[16] Hans-Günter Richardi, Alfred A. Haase, Burgen, Schlösser und Klöster in Bayern, Erlangen 1993, S. 24.

[17] siehe Anmerkung Nr. 16.

[18] Johannes Goldner, Bayerische Heilige, Freilassing 1990, S. 26.

[19] Wallfahrtskirche zum Hl. Rasso Grafrath/Amper, Schnell, Kunstführer Nr. 519 (von 1948), Regensburg 1995, S. 18.

[20] *Terziaren*, weibl. *Terziarinnen*: Mitglieder eines so genannten Dritten Ordens, nach einer dritten, nicht so grundsätzlich und streng bindenden Ordensregel benannt (erste Ordensregel für den männlichen Zweig eines Ordens, zweite Ordensregel für den weiblichen Zweig); weltl. oder auch in einer klösterlichen Gemeinschaft lebende Laien, die z. B. den Franziskanern angegliedert sind. Siehe: Das neue Taschenlexikon, Hrsg. Bertelsmann Lexikon-Institut, Gütersloh 1992, Band 16 T, S. 61.

[21] Ausstellungsstraße Barock und Rokoko, Bayern Süd, Museum ohne Grenzen, Hrsg. Ludwig Tavernier, Mailand/Wien 1999, S. 208.

[22] Georg Dehio, Handbuch der Deutschen Kunstdenkmäler, Bayern II: Niederbayern, München 1988, S. 314. Ein Zitat von Felix Mader.

[23] Landshuter Geschichte, Gründung, Erweiterung, Stadtbrand 1342, hrsg. v. der Stadt Landshut, Landshut 2001.

24 Hans Günter Richardi, Alfred A. Haase, Burgen, Schlösser und Klöster in Bayern, Erlangen 1993, S. 31.

25 Viele Künstler und Maler haben sich früher mit ihrem Konterfei auf den Fresken in Pfarr- und Klosterkirchen verewigt.

26 Bruno Laurioux, Tafelfreuden im Mittelalter. Die Esskultur der Ritter, Bürger und Bürgersleut, Augsburg 1999, S. 69. Das Rezept hat die Autorin dem Buch *Wie man eyn teutsches Mannsbild bey Kräften hält* von H. Jürgen Fahrenkamp, Kissing 1986, entnommen.

27 In der Ballade von Franz Müller aus dem Jahr 1633 (nach: Michael Waltinger, Niederbayerische Sagen, Passau 1992), die diesem Text zu Grunde liegt, wird der Name des Abtes mit Veit Höfer angegeben. In Wahrheit handelte es sich wohl um Vitus Höser (auch Vitus Höfer; die Schreibweise variiert), der 1610 in Oberaltaich das Amt des Abtes übernahm. Höser führte die Melker Reform ein; strenges Mönchsleben war die Folge. Zudem ließ er 1622–1630 die romanische Basilika abreißen und gestaltete als sein eigener Architekt die Kirche im Renaissancestil neu. 1632 kamen die Schweden nach Niederbayern und tatsächlich verkleidete sich Vitus Höser damals als Bauer, um nicht erkannt zu werden. 1634 brach in Oberaltaich die Pest aus; Vitus Höser und vierundzwanzig Mönche fielen dem schwarzen Tod zum Opfer. (Oberaltaich, Hrsg. Katholisches Pfarramt Oberaltaich, Ottobeuren 1993).

28 Michael Waltinger, Niederbayerische Sagen, Passau 1992, S. 181.

29 Richard Strobl/Markus Weis, Romanik in Altbayern, Würzburg 1994, S. 49.

30 Die schwarzen Führer Niederbayern – Oberpfalz, Freiburg i. Br. 2000.

31 Norman Foster, Auf den Spuren der Pilger. Die großen Wallfahrten im Mittelalter, Augsburg 1990, S. 190.

32 Bruno Mahlknecht, Südtiroler Sagen, Bozen 1981.

33 »Stift Nonnberg, erzbischöfliches Eigenkloster, ist das

älteste bestehende Frauenkloster nördlich der Alpen. Unter Erzbischof Eberhard II. (1200–1246) erhielt die damalige Äbtissin erstmals das Recht des Gebrauchs der Pontifikalien. Im Landtag zählte die Äbtissin des adeligen Frauenstifts von nun an auf Grund geistlicher und grundherrschaftlicher Stellung zum Prälatenstand« (Zitat aus: Pustets Klosterführer Österreich, Monika Oberhammer, Salzburg – München 1998, S. 211 ff.). Das Benediktinerinnenstift nahm seit jeher ausschließlich adelige Damen in seinen Reihen auf. Bis heute werden die Ordensfrauen aus diesem Grund als Chorfrauen angesprochen.

[34] Sagen aus Salzburg, Hrsg. Leander Petzoldt, München 1993, nach: Nikolaus Huber, Fromme Sagen und Legenden, Salzburg 1880.

[35] Die *Bavaria Sancta* Bd. I, Hrsg. Georg Schwaiger, Regensburg 1970, S. 40, liefert eine noch genauere Berufsbezeichnung: Florianus war demnach ein »ehemaliger Vorstand der Kanzlei des Zivilstatthalters«.

[36] Bavaria Sancta, Bd. I, Hrsg. Georg Schwaiger, Regensburg 1970, S. 39.

[37] Gustl Motyka, Kloster Speinshart, Mainburg 1987, S. 8.

[38] Charivari Spezial 1250 Jahre Tegernsee, Aufsatz: »Tausend Jahre vom Kaiser der Franken bis zum Kaiser von Frankreich«, München 1996.

[39] »Ein Thal des Seegens«, Lesebuch zur Literatur des Klosters Waldsassen, Hrsg. Manfred Knedlik und Georg Schrott, Kallmünz 1998, S. 14.

[40] siehe Anmerkung Nr. 39, S. 22.

[41] Bis heute ist unklar, in welches Kloster Tassilo nach seinem Sturz gebracht wurde, so findet man die Geschichte des Zusammentreffens Karls des Großen mit dem Bayernherzog z. B. auch in den Überlieferungen von Frauenwörth im Chiemsee als »Tassilo-Legende«. Geschichte der Abtei Frauenwörth, St. Ottilien o. J., S. 14.

In den Aufzeichnungen des Klosters Polling aus dem
13. Jahrhundert findet man die rheinische Klosterkirche
Lorsch als Begegnungsstätte der beiden.

42 Geschichte der Abtei Frauenwörth, St. Ottilien o. J.,
S. 15.

43 Die Wiedergabe der *Tassilo-Legende* gestaltete sich
äußerst schwierig. Der Text in diesem Buch ist deshalb ein
pikanter Mix aus mehreren Quellen geworden. Die
Autorin gestattete sich hier die Freiheit, als literarischer
Barkeeper zu fungieren, um dem Leser einen gut
geschüttelten Legendencocktail zu servieren.

44 Die schwarzen Führer München – Oberbayern, Freiburg
i. Br. 1998, S. 291.

45 Hier ließ Scharff von Scharffenstein seiner Fantasie freien
Lauf, denn zur Zeit der Klostergründung (12. Jahr-
hundert) gab es weder Schießpulver geschweige denn
Gewehre.

Literaturangaben zu den Sagen und Legenden

Abensberg:
Emmi Böck, Sagen aus Niederbayern, Regensburg 1977.

Aldersbach:
Emmi Böck, Sagen aus Niederbayern, Regensburg 1977.

Altenhohenau:
• Josef Rosenegger, Nikolai Molodovsky, Wallfahrten zwischen Inn und Salzach, Freilassing 1985.
• Die schwarzen Führer München – Oberbayern, Freiburg i. Br. 1998.

Altötting:
Oberpfälzische Sagen, Legenden, Märchen und Schwänke, gesammelt von Karl Winkler, Kallmünz 1960 (?).

Andechs:
• Gisela Schinzel-Penth, Sagen und Legenden um das Fünfseenland, Frieding 1977; sowie die überarbeitete Auflage: Sagen und Legenden um das Fünfseenland und Wolfratshausen, Andechs-Frieding 2001.
• Josef Othmar Zöllner, Maria Kloss, Andechs, Freilassing 1993.

Baumburg:
Die schwarzen Führer München – Oberbayern, Freiburg i. Br. 1998.

Benediktbeuern:
- Gisela Schinzel-Penth, Sagen und Legenden um das Werdenfelser Land, Frieding 1978.
- Ein Kloster prägt die Landschaft. Die Geschichte des Klosters Benediktbeuern, Benediktbeuern 1998.

Berchtesgaden:
Susanne Seethaler, Sagenhafte Burgen und Schlösser in Oberbayern, St. Ottilien 1999.

Brixen:
Dieter Kühn, Ich Wolkenstein, Frankfurt am Main 1996.

Eichstätt:
- Kloster- und Pfarrkirche St. Walburg Eichstätt, Schnell, Kunstführer 2240, Regensburg 2001.
- Vera Schauber, Hanns Michael Schindler, Bildlexikon der Heiligen, Seligen und Namenspatrone, München 1999.
- Albert Werfer, Franz Xaver Steck, Ph. B. Lander, Große illustrierte Heiligenlegende auf alle Tage des Jahres, Ulm um 1840.
- Das große Hausbuch der Heiligen, Bericht und Legenden, Hrsg. Diethard Klein, München 2000.
- Sagen von Rittern, Räubern und Heiligen, Hrsg. Leander Petzoldt, München 1994, nach Gustav Neckel, Deutsche Sagen Bd. III, Leipzig 1936, S. 75f. (Anfang gestrichen).

Ettal:
Gisela Schinzel-Penth, Sagen und Legenden aus dem Werdenfelser Land, Frieding 1978.

Frauenchiemsee:
Die schwarzen Führer München – Oberbayern, Freiburg i. Br. 1998.

Fürstenfeldbruck:
Hans-Günter Richardi, Alfred A. Haase, Burgen, Schlösser
und Klöster in Bayern, Erlangen 1993.

Grafrath:
• Gisela Schinzel-Penth, Sagen und Legenden um Fürstenfeldbruck und Germering, Andechs-Frieding 1996.
• A. Schöppner, Sagenbuch der Bayerischen Lande, München
1852.

Ingolstadt:
Die schwarzen Führer München – Oberbayern, Freiburg i. Br.
1998.

Innsbruck:
www.sagen.at:
• Sagen, Märchen und Gebräuche aus Tirol, gesammelt und
herausgegeben von Ignaz Vinzenz Zingerle, Innsbruck 1891,
Nr. 212, S. 128.
• Sagen, Märchen und Gebräuche aus Tirol, gesammelt und
herausgegeben von Ignaz Vinzenz Zingerle, Innsbruck 1859,
Nr. 734, S. 416.
• Pustets Klosterführer Österreich, Monika Oberhammer,
Salzburg – München 1998.

Kastl im Lauerachtal:
• Johann Pollinger, Aus Landshut und Umgebung. Ein
Beitrag zur Heimat- und Volkskunde, München 1908.
• Die schwarzen Führer München – Oberbayern, Freiburg
i. Br. 1998.
• Emmi Böck, Sagen aus der Oberpfalz, Regensburg 1986.

Kremsmünster:
www.sagen.at
• Die schönsten Sagen aus Österreich, o. A., o. J., S. 303.

Lambach:
www.sagen.at
• Hans Commenda, Volkskundliches aus Österreich und
Südtirol, Hrsg. Anton Dörrer und Leopold Schmidt, Wien
1947, nach Auguste Marguillier, »A travers le Salzkammer-
gut«, 1896.

Landsberg am Lech:
• Die schwarzen Führer München – Oberbayern, Freiburg
i. Br. 1998.
• A. Schöppner, Sagenbuch der Bayerischen Lande, München
1852.

Landshut:
• Erika Stadler, Landshut, geliebte Stadt in Geschichte und
Geschichten, Riemerling 1990.
• Sagenbuch der Bayerischen Lande, München 1852.

Markt Indersdorf:
Die schwarzen Führer München – Oberbayern, Freiburg
i. Br. 1998.

Metten:
• Alexander Schöppner, Bayrische Sagen Bd. I,
Augsburg/München 1990.
• Michael Waltinger, Niederbayerische Sagen, Passau 1992.
• A. Schöppner, Sagenbuch der Bayerischen Lande,
München 1852.

Mondsee:
Franz Wendl, 1250 Jahre Mondsee Klostergeschichte,
Mondsee 1998.

München:
Franz Trautmann in dem Buch *Sagen und Legenden von
München* von Gisela Schinzel-Penth, Frieding-Andechs 1979.

Oberaltaich:
Michael Waltinger, Niederbayerische Sagen, Passau 1992.

Regensburg:
- Johannes Goldner, Bayerische Heilige, Freilassing 1979.
- Bavaria Sancta Bd. I, Hrsg. Georg Schwaiger, Regensburg 1970.
- Arbeo Bischof von Freising, Leben und Leiden des hl. Emmeram (vita et passio sancti haimhrammi martyris, um 772), Regensburg 1993.

Reutberg:
Norman Foster, Auf den Spuren der Pilger. Die großen Wallfahrten im Mittelalter, Augsburg 1990.

Säben ober Klausen:
Die schönsten Tiroler Sagen, ausgewählt und erzählt von Karl Paulin, Innsbruck 1972.

Salzburg:
Sagen aus Salzburg, Hrsg. Leander Petzoldt, München 1993, nach R. v. Freisauff: Salzburger Volkssagen, Wien/Pest/Leipzig 1880.

St. Florian:
www.kloesterreich.com
- Bavaria Sancta Bd. I, Hrsg. Georg Schwaiger, Regensburg 1970, Josef Wodka: Der hl. Florian.
- Pustets Klosterführer Österreich, Monika Oberhammer, Salzburg – München 1998.
- Vera Schauber, Hanns Michael Schindler, Bildlexikon der Heiligen, Seligen und Namenspatrone, München 1999.
- Roderich Menzel, Österreichische Märchen, München/ Berlin 1978.

Scheyern:
Die schwarzen Führer München – Oberbayern, Freiburg i. Br.
1998.

Speinshart:
• Die schwarzen Führer Niederbayern – Oberpfalz, Freiburg
i. Br. 2000.
• Emmi Böck, Sagen aus der Oberpfalz, Regensburg 1986.
• A. Schöppner, Sagenbuch der Bayerischen Lande, München
1852.

Stams:
Sagen aus Tirol, Hrsg. Leander Petzoldt, München 1992,
nach Alpenburg, 1861, Nr. 136 (gekürzt).

Tegernsee:
• Sepp Mohr, Tegernseer Sagen, Hausham 1985.
• Gisela Schinzel-Penth, Sagen und Legenden um Miesbach
und Holzkirchen, Andechs-Frieding 1995.
• A. Schöppner, Sagenbuch der Bayerischen Lande, München
1852.

Waldsassen:
• Hans Muggenthaler, Deutsche Geschichtsbücherei Bd. II:
Kolonisatorische und wirtschaftliche Tätigkeit eines deutschen
Zisterzienserklosters im XII. und XIII. Jahrhundert, München
1924.
• »Ein Thal des Seegens«, Lesebuch zur Literatur des Klosters
Waldsassen, herausgegeben von Manfred Knedlik und Georg
Schrott, Kallmünz 1998.
• A. Schöppner, Sagenbuch der Bayerischen Lande, München
1852.

Weltenburg:
- Die schwarzen Führer, München – Oberbayern, Freiburg i. Br. 1998.
- Die Geschichte der Abtei Frauenwörth, St. Ottilien o. J.
- Dr. Peter Schmid, Tassilo und Karl der Große zum Ende des Stammesherzogtums Bayern, Weltenburger Akademie o. J.
- Bavaria Sancta Bd. III, Hrsg. Georg Schwaiger, Regensburg 1973, Aufsatz von Peter Stockmeier: Herzog Tassilo III.

Wessobrunn:
- Gisela Schinzel-Penth, Hexeneiche, Schwedenlärche und Tassilolinde. Sagen, Geschichten und Legenden um berühmte Bäume in Altbayern, Frieding 1999.
- Die schwarzen Führer München – Oberbayern, Freiburg i. Br. 1998.

Weyarn:
Gisela Schinzel-Penth, Sagen und Legenden um Miesbach und Holzkirchen, Frieding 1999; nach einer Ballade von H. Scharff von Scharffenstein, Anfang des 19. Jahrhunderts.

Windberg:
- Die schwarzen Führer Niederbayern – Oberpfalz, Freiburg i. Br. 2000.
- Vera Schauber, Hanns Michael Schindler, Bildlexikon der Heiligen, Seligen und Namenspatrone, München 1999.